教育・新世紀

既存の教育論を超えて

渡辺 勲
Watanabe Isao

文芸社

目次

序章　はじめに

年々増加する不登校

現在不登校の子どもの数が十四万人近くいると言われています。十年前に比べると倍増しているそうです。今後も教育の根幹を変えていかない限り、増加の一途を辿《たど》るのではないかと思います。

そのようなことを考えると、何の為に今の教育があるのかと考えてしまいます。不登校の子どもが増加傾向にあるということは、すでに今ある教育制度では、子どもたちに対応が出来ないと言っているのと、同じことではないでしょうか？

変革を迫られているのだと思います。本当の教育をしていかなければならないと思います。

そうしたなかで、かねてから鳥海喜久夫氏は独自の方法論で、不登校の子どもを、登校できるように立ち直らせてきました。そこには、今ある教育に足りない何かがあるからでしょう。

不登校と言ってもその原因は、十人十色です。人それぞれ、不登校になる原因が違います。様々な要因が入り乱れています。ですから、万人に共通する不登校改善のマニュアルと言ったものは、存在しないのかもしれません。

ただ不登校の子どもが、多くの様々な問題を抱えたとしても、鳥海氏は、「不安」、「不信感」、「孤独」という三つの問題に行き着くと言っています。その問題を取り除いてあげることが、不登校をなおす近道だと言っているのです。

思いやりの欠如から起こる、様々な問題

私たちは、常に何らかの問題を抱えて、日々を過ごしています。生きていくことには、残念なことに様々な問題が付きまといます。子どもの問題、お金の問題、人間関係など、様々な問題を抱えているのが現状でしょう。

問題と言っても解決できる範囲の問題であれば、心配するにおよびません。しかし、日本経済低迷のような一個人の力ではどうしようもない問題には、手の施しようがないと思ってしまうのが人の心です。ただ、その為に今話題の北朝鮮の問題や銀行の貸し渋り問題など、誰が見てもおかしいのではないかと言うことが、まかり通っている、そんな社会があるのです。

そのことが今の根本的な問題ではないでしょうか?

人は人として生きていく為に、備わった本能があると思います。優しさやぬくもり、人を思いやる心、その心が欠落しているのではないかと思うのです。だからこそ今、宗教問題、国家間の問題、経済問題、教育問題、家庭の問題と、様々な問題が生まれてくると思うのです。根源は、やはり思いやりの欠如だと思います。

何故、このようになってしまったのでしょう?

我々人間は、この社会で生きていく為の道標を、間違った考えで立ててしまったのではないでしょうか?

特に教育に対する問題は、おかしなことだらけです。そのなかでも世間一般に多く取り沙汰されているのが、受験問題です。

知識詰め込み型の勉強で入学した大学によって、その後の人生が決まるなどと言われてきました。勉強をして一流という大学に入学し、一流といわれる会社に就職することが幸せだと考えられてきました。

しかしよくよく考えてみると、本当に一流大学を卒業し、一流の会社に入った全ての人が、幸せになれたのでしょうか?

そうとは言い切れないはずです。親に言われた道だけを進み、自らのしたいことが出来ず、結局不幸になった人の話など、よく耳にするはずです。

また逆の考えで、一流大学に入らずとも成功した人は、たくさんいます。一番わかりやすいのが、スポーツ選手です。一流企業で定年まで稼げるお金を、数年で一流スポーツ選手は稼いでしまいます。そしてスポーツ選手は、一番好きなことであるスポーツを仕事にしているのです。これほど幸せなことはないと思います。好きなことをして、お金を稼ぎ、幸せな人生を送っている人がいるのです。子どもが好きな道を進み、幸せな人生を送れるステップになること。それが本当の教育だと思います。

私は、様々な問題や現在の環境が教育問題を起こし、子どもたちに苦渋を味わわせているのではないかと思うのです。今の社会をもう一度見渡してください。様々な問題が蔓延《はびこ》っています。

現在の社会は、人間として当たり前のことすら成り立ってはいないのではないでしょうか？よく新聞やテレビなどで、政治の問題や社会としてのあり方などが問われることがあります。誰が見ても正しいことなのに、司法が前例がないと幾つもの御託を並べ、正しいことが通らない社会があります。誰もがおかしいと思っていることなのに、誰も進んで手を挙げ、真剣に解決に向けて行動しようとはしません。たとえ行動しても、どうせ無理だと諦める人が多いのではないでしょうか？

なかには行動を起こし、社会の為に本当に真剣に考え頑張っている人もいることは事実です。ただ、そういう人には社会の風当たりが強いのではないかと思うことが、多々あります。

今話題の拉致問題一つとっても、政府は今よりずっと以前から、その事実を知っていたと思います。ただ今回、北朝鮮側が食料やエネルギー不足に悩み、アメリカに交渉した結果、良い返答がもらえず、日本に支援を求めてきたのです。その交渉のカードとして、拉致問題を認め、支援を引き出そうとしているのではないでしょうか？

そのおかげで、五人の方が日本に帰国することができ、この問題が大きく進展したように見えます。政府の今の対応、今後の対応には、きっと素晴らしいところがあると思います。しかし今までの対応は、拉致被害者やその家族に対して決して温かいものではなかったと思います。そのようなことを忘れてはいけないと思うのです。道徳心や正義の為だけでは、何一つ変わらない社会があるのも、事実だと思うのです。

結局、教育問題から考えれば、今の社会では受験戦争で勝ち抜くことが、幸せを摑むという風潮になっているのでしょう。そこが問題なのではないでしょうか？

このように考えると我々日本人は、ステータス志向なのかもしれません。ただステータスだけでは、幸せになることは出来ません。大学を卒業しなくても、立派に自分の道を進んでいる人などたくさんいます。幾多の可能性を、受験と言う形で潰してしまっているのではないでしょうか。

社会がこのような形を求めたのは、ある一定の基準が欲しかったからでしょう。学力や知識力を見ることにより、一定のラインを引きたかったのでしょう。しかし人間とは、そのような単純な生き物ではありません。感情もあれば、様々な個性があります。知識量や暗記力だけで選別する時代は、とうの昔に終わったのです。

現在企業が求めている人材は、それだけではないはずです。しかしいまだに、一流大学を卒業することだけがステータスとなり、幸せの道と考える社会もあると思うのです。高度経済成長時代の日本が、そうだったからかもしれません。しかし時代は常に流れています。

お金の量で幸せをはかるわけではありませんが、もし幸せの一つの基準として「お金持ちになる」ということがあるならば、一流の大学に進み、一流の会社に入ることだけが、幸せではないという定義付けが出来るのではないかと思います。スポーツ選手、経営者、投資家のほうがお金持ちになる確率が高いのですから。

とにかく様々な問題により、子どもたちが苦しめられていますが、子どもたちの個性を見極め、正しい方向へ導く為に、国、学校、親がもっと真剣に教育について取り組んでいかなければならないと思います。

どれ一つとっても、当たり前のことが当たり前のようになされていない現状を、何故今までの私たちは許してきたのでしょう?

これからは、一人一人が自覚していかなければならないと思います。一個人では解決が難しい問題は、手を取り合って、問題解決に全力で取り組める時代になってきていると思います。ほんの少し前より、力を合わせて問題に取り組む姿勢を見せれば解決できることが多くなってきてはいませんか?

その典型的な例が、北朝鮮問題に見え隠れしていると思います。まず日本政府は、拉致被害者を北朝鮮に帰さないことが大事です。この問題はまだまだ解決には程遠いですが、昔の日本政府との対応と違うところが、確実に見えています。当たり前のことを、当たり前に主張しています。そこに時代の流れが、今まで解決できなかった問題を解決できる兆しが見えたと、考えてよいのではないでしょうか?

「当たり前のことを当たり前にする」これが大切なことだと思うのです。社会の問題も解決できれば、教育問題も劇的に変わってくるでしょう。その兆しがもう見えてきているのです。

解決すべき、考え直すべき諸問題

鳥海氏の学校に、このような子どもが入学してきました。

幼少の頃からぜんそくもちの子どもで、小学校二、三年生の頃から何度も生死を彷徨《さまよ》っていました。その所為で、学校も休みがちになり、授業についていけなくなりました。また休みがちの影響から、なかなか友達ができませんでした。

そうなると、当然学校に通うことが嫌になってきます。授業の内容が理解できない、学校に行っても一人ぼっち、学校に行くことが苦痛で堪らなかったのでしょう。やがてこの子は、不登校になってしまいました。

この子は、小さい頃から常に生死を彷徨っていたこともあり、生きるといったことや死ぬといったことに、敏感になっていました。人間は考えられないほどの大病や交通事故に遭ったとすれば、当然自らの人生、命の貴さに敏感になっても不思議ではありません。

この子は、生死を何度も彷徨った結果、生き死ににについて深く考えるようになったのです。しかし、まだまだ未熟なこの子は、生死といった哲学的要素を含む問題に対応が出来るほどの考えを、持ってはいませんでした。

そこでこの子は、医師や先生、親に救いを求める形で、生死について問うたのです。しかし医師や先生、親である大人でさえ、人間が何故生まれ死んでいくのかという、自ら下した結論を持っている人は殆どいません。結局その子が求めていた問いに、大人が納得できる答えを出せませんでした。

生死という問題は、当然すぐには答えが出せない問題です。しかし生死を彷徨ったことがある人は、必ずぶつかる問題だと思います。まして子どもです。自ら答えを導き出すにはとても難しい問題であったでしょう。皆さんも経験があると思いますが、子どもというのは、なかなか大人の言うことを聞きません。

何故なのかなと思ったことはありませんか？

それは、子どもには子どもの納得できるラインがあり、そのラインに到達した答えを、親が出していないからです。親は、子どもとの対応を、安易に考えがちのところがあると思います。「こういうものだから、こうしなさい」と言ってしまいがちですが、それではいけないのだと思います。大人が自分自身が自ら納得できないことについて、首をかしげるのと同じように、子どもも納得できないことには泣いたりわめいたりして、抵抗するのです。

子どもは論理的に主張できない部分を、そうすることにより真剣に訴えているのではないでしょうか？

大人は、今の世間を生きる知恵として、納得できないことにも従う癖がついていますが、子どもは純粋です。ですから、子どもが納得できないことを安易に受け流すということは、子どもの今後の成長にとってとても危険なことだと思います。そこを汲み取ってあげないと、「親はどうせわかってくれない」「うるさいことしか言わない」と思われてしまうのではないでしょうか？

子どもも理由なくして、言葉を発したり行動に移したりはしないのです。納得するまで話し合ったり、問題を解決する姿勢を、親がこれまで以上に態度で表していかなければ、子どもの今後の成長に大きな支障をきたすのではないかと思います。結局、この子は、鳥海氏の学校に入学するまで、不登校だったそうです。

殆どの親は、不登校になった結果、勉強が遅れることをとても心配するのではないかと思います。自分の子が他の子どもよりも勉強が出来ないことを見て、喜ぶ親はいません。しかしこういう状況下で、一番に「勉強が出来る、出来ない」の問題を持ってくることは、正しいことではないと思います。もし勉強について親が子どもにアドバイスをするならば、「自分の出来る範囲で、精一杯がんばればいい」と、声を掛けるべきではないでしょうか。

ただ、せめて周りの子どもと同じくらいは勉強が出来て欲しいと思うのが、親の心でしょう。しかしそのような考えを最優先にしてしまうと、危ない状況に陥るのではないかと思います。親が一番に解決しようとしている問題と、子どもが一番に解決しようとしている問題が、食い違ってしまうからです。そこに、親と子の歪みが出来てしまうと思います。そこに最も気をつけなければいけないと思うのです。

結局その子は、自らの考えが受け入れられないことを知り、動物の世界に閉じこもってしまいました。家にいた犬や猫にしか、心を開かなくなってしまったのです。人は自らの存在を受け入れられないと独自の世界を創り、その世界に閉じこもってしまいます。自らが創った自らの理想郷だけに生きる。これが、今問題となっている「引きこもり」でしょう。

自らの世界に閉じこもっていれば、世間のわずらわしさに対応しなくてもいいのです。しかしそれでは、本当の意味での生活はしていけません。

世間で生きていく為の術や楽しさを学んでいかなければならないのですが、一度閉じこもってしまった心は、再び開くことはなかなか容易ではありません。

この子もまさに、そのような状態でした。しかし鳥海氏の学校に入学したことにより、登校できるようになったのです。学校では、どんなことがあっても、その子を信じてあげました。生死について、とことん話し合いをしました。そして、その子の全てを受け入れてあげたのです。そうすることにより、徐々に心の扉を開いていったのです。

教育問題を検討していく上で、有効な鳥海氏の実践

何故私が本書で鳥海氏を取り上げたのかと言えば、人としての根本的な原理を鳥海氏は知り尽くし、その原理を行動に移しているからです。その原理は、次の二つの言葉に集約されるものと考えます。それは、「公平な心」と「思いやる心」です。

鳥海氏（学校法人鳥海学園）は、このように述べています。

「生活の便利さを追求することによって、自然体系が壊され、人と自然の法則が忘れられて共存共栄の原則を見失い、社会には様々な歪みが出来ています。そうした社会の影響を受け、子どもたちは人として健やかに育つことを疎外され、しなやかな感性も失いつつあります。社会や大人たちの価値観から子どもたちを解放し、自然に触れさせ自然の摂理の不思議さ、生命の貴さを気付かせながら、人としての『優しい心』を育むことが、豊かな社会を築く上で大切なことと考えます」

このように人としての本当の豊かさ、幸せを真剣に考えている人だからこそ、鳥海氏の意見を今、多くの悩みを抱えている人に知ってもらいたいと思ったのです。何故鳥海氏が子どもたちの教育について真剣に考えるようになったのか？

このようなエピソードがあったからだと、鳥海氏は述べています。

今から二十年程前、地元の中学校が荒れており、新聞やテレビでよく取り上げられていた時期がありました。卒業式には校門にパトカーが配備されたり、市の教育委員会の調査が入った際には、窓から椅子や机が投げつけられたりしていました。この頃、新興住宅地域の学校ではよくある問題でした。この問題児と呼ばれる子どもたちとの出会いが、私を学校の設立に大きく突き動かしたのです。

学校の近くに駄菓子屋があり、既に始業時間からある程度の時間が経過した頃、その前を通ると七、八人の子どもたちが道路に沿って、一列に腰を下ろし、タバコをふかしていました。自分の子どもでもないこともあり、黙って通り過ぎようと思ったのですが、体は車のギアをバックに入れ、彼らの前に逆戻りしていました。

そして「お前ら、こんな時間に何しているんだ？　早く、学校に行け」と言うと、「お前にとやかく言われる筋合はない。関係ねえ」という言葉が返ってきました。

このようなことが二、三度続くうちに、口では悪さを言いながらも、ゾロゾロと学校のほうに歩いて行くようになりました。その後、私の顔を見るなり立ち上がり、学校のほうに歩いて行く素振りを見せるようになったのです。ただ、そのまま学校に登校したかはわかりませんが……。

彼らの仲間の一人が、バイクのヘルメットを盗んだことがありました。私はその子を捕まえて持ち主の前に突き出し、謝罪させました。すると、盗まれた人が「癖になるから、警察に届ける」と言って聞かなかったのです。しかし、私はその時、「いい加減にせいよ。俺が捕まえなかったらヘルメットも戻らなかったし、盗った人間もわからなかったではないか。許してやれよ」と言いました。そして盗った子には、「学校にも言わんし、警察にも届けない。早く学校に行き」と言い、彼を追い立てて、帰しました。事件になることは、ありませんでした。

今でも、ふとあの頃のことを思い出すと、懐かしさが込み上げてきます。その後、様々なことがありましたが、最終的に彼らの大半が少年院に送られてしまいました。

一年程して、中学校の先生から連絡があり、「子どもたちが、『お礼に行きたい』と言っているので、行かせても良いでしょうか」と言ってきたのです。私は、よく不良たちがする「お礼参り」かと疑問を持ち、「お礼参りですか?」と聞くと、「いやいや、子どもたちが言うには『あの頃は、先生や親、世の中みんなが、自分たちのことを無視していた。何処の誰だか分からない親父《オヤジ》が、俺たちをまともに相手をしてくれたような気がする。だから挨拶に行きたい』と言っています」と言うのです。

胸にジーンときました。私も、子どもの頃から寂しい思いをして、育ってきました。そこで、その寂しさを持つことになった子どもたちを預かる場所を作ろうと思い、開校したのが『私塾』だったのです。その後私塾から各種学校そして学校法人と変化はしましたが、原点は彼らとの出会いであることを、今でも信じています。

その後、鳥海氏は約二十年間、子どもたちの教育に力を注ぎ、特に不登校の子どもを社会復帰させる学校を開校して実績を残すことができ、衆議院議員会館で教育について意見を述べる機会も得ました。一部の議員たちが教育について鳥海氏の意見を仰ぎたいと考えた結果だと思います。その内容は次の通りです。

●衆議院議員会館での講演（抜粋）

私は、埼玉県さいたま市（旧浦和市）で学校法人鳥海学園を運営しています。今から十七年前、小学校四年生で登校拒否に陥った少女に出会い、以後、十七年間不登校の子どもをお預かりする学校を運営しています。当時の風潮として「子どもは学校に登校することは当然のこと」として考えられ、登校拒否に陥った本人も両親も、地域社会のなかで白眼視され肩身の狭い思いをし、学校もその事実を否定して隠そうとする傾向がありました。しかし、徐々に登校拒否という現象が単に本人の適応力の欠如ということだけではなく、教育の現場や社会の価値観、家庭内にも問題があるのではないかと考えられ、国や省庁をはじめ教育の現場や家庭でも社会問題として取り上げられるようになり、『登校拒否』という言葉から『不登校』という言葉に置き換えられました。

問題を抱える子どもに対する周囲の意識は大幅に変わりましたが、現実には不登校の子どもは増加し続け、平成十三年度の全国の不登校生徒は関係省庁が発表した資料からも、十三万人を超えていることは明らかです。

私の運営する学校の生徒数は現在八十五名ですが、その八、九割は不登校経験を持ちます。不登校になる時期も小学一年生、四年生、中学一年生、三年生と個々によって様々であり、抱える問題の深さや心に負った傷の深さも異なります。軽度の子どもは入学と同時に生活のリズムを取り戻し、明るく登校を始めます。これは長年にわたり試行錯誤しながら積み重ねてきた、カリキュラムの進め方や対応の仕方が功を奏しているものと思います。しかし全体の二割程度の子どもは、心を閉ざしたり、不登校を続けようとします。

最初は電話による連絡や訪問をしていきます。関心や興味のある授業のみの参加、呼び掛けなどを通して、負担や強制を感じさせないように、注意深く時間を掛けて接触を図ります。週に一度か二度登校するまでに、半年も一年も掛かる子どももいます。また、登校をしても誰とも言葉を交わさない子どもやリストカットの傷跡を残している子どももいます。このような子どもはほんの僅かな言葉のニュアンスの異なりからも、再び心を閉ざしてしまいます。

本校の職員は従来の教育という役割の他に、カウンセラーという役割をも果たさなければならないのが現実です。しかし、これは本校の職員だけの問題とは考えられないのです。何故なら、不登校となる原因の一つに、現場教師の不注意な言葉や思いやりのない対応があるからです。最近では大学における教育課程で児童心理学やカウンセラーとしての必要性が認識されて、履修単位も増やされてはおりますが、教育の現場には、より専門的なスクール・カウンセラーの養成が急務であると思います。

本校の教員採用試験には「友達」の「だち」が書けず、また、「進学」を「針学」と書くような人物も教員免許を持ち、応募してきます。このような人物が、大学で児童心理学やカウンセリングに関する学問を習得してきたとは考えられません。教育には、国家の将来を支える礎《いしずえ》を育むという大きな役割がある筈です。全ての大学が安易に教員免許を発行しているとは思いませんが、一部の大学では本来の教育の重要性を理解せずに資格を与えていることも、事実だと思います。また、高度な専門知識を習得していても、常識や協調性の欠ける人物も多くおります。

そこで、本校では独自にスクール・カウンセラーの養成を始めました。しかし、現在の日本社会のシステムのなかで、公的に認められた資格は「心療内科」以外にはなく、その職務は広く、人員も社会のニーズに応えられているとは思えません。本校のように不登校の子どもを受け入れている学校としては、国の制度が整備されるのを待っているという訳にはいかないのです。また、年々増え続ける不登校生たちのことを考えると、教育界全体としてカウンセラー養成の制度確立は、急務のこととして考えて頂きたいと思います。

本校のカウンセラー養成は対象を児童、子どもの範囲に定めて、在籍する子どもたちとの交流を通して実践と理論を学習することを目的とし、受講に際しては感性と資質を重視し、受講の選択を厳しく制限しております。本来カウンセラーとは、悩みを抱える人と信頼関係を築きながら、当人がゆっくりと悩みから自主的に解放される支えとなることであると思います。この過程において軽率な言葉や対応は、悩みを抱える人の「命」

を奪ってしまうことすらあり、カウンセラーは非常に責任ある役割を果たさなければならないと考えるからです。本校のように、在籍する子どもの八割、九割が不登校の経験を持つという状況のなかで、個々の苦悩を謙虚に受け止めて、豊かな感性と資質を有する者が専門の知識と経験を積むことで、有能なカウンセラーを養成できるものと確信しております。

次に、「教育」を考えてみると、現在の教育制度には私は大きな問題があると考えております。何故、両親たちは自らが子育てを行わず、保育園や幼稚園に子弟を預けて、「子育て」を委託してしまうのでしょうか。また、何故国はその在り方を助成し、奨励しているのでしょうか。昔から言い伝えられている「三つ子の魂百まで」という言葉がありますが、如何に幼児期の対応が大切であるかということを、私たちは忘れてしまったような気がします。私たちの祖先が営々と子育てを経験して来たなかで、身を以って学んだ「知恵」の筈です。

幼児期、両親にたくさんの五感に触れてもらうことが愛情であり、大切にされることが「豊かな心」を育むのだと思います。この時期こそ、人間が生き物としての価値観を唯一育める限られた時期であり、「心」が形成されるのだと思います。小学校中学年の頃より、五感の活性化は徐々に薄まり、知識や経験から物事を判断するという人間としての価値観が芽生え始め、自我が出来ます。今、教育の現場では「ゆとりの教育」「心を豊かにする教育」などと、語られていますが、幼児期を過ぎて知識が主体となり始める時では、「心」も「豊かさ」も知識として理解することになります。

本来、最も「豊かな心」や「性質」を育める時期に、人は何故、子育てを他人に託し、集団性や知識、技能を身に付けさせようとするのでしょう。私は、多くの不登校生や両親と出会い、子育ての状況を詳しく聴いてきましたが、その両親の幼児期も、様々な理由から愛情を充分に注がれなかったというケースに数多く出会います。愛情を受けられなかった人に、人を愛することの大切さを教えることの難しさと同様に、心を育める時期に心を豊かに育まずに、知識が優先されるようになってから、心を育もうとしても難しいのです。ましてや両親が愛情を注がれた経験を持たず、愛情の注ぎ方を知らなければ、子どもたちは何らかの愛情を知り、心を豊かにすることができるでしょうか。

そこで、私は、「子どもたちの心を豊かに育むため」の提案をしたいのです。

㈠ 子どもたちの成長には妊娠中を含めて、幼児期が如何に両親の穏やかな関わり合いが必要であるかを啓蒙すること。

㈡ 両親の精神的な安定を確保する為の、経済的支援を行うこと。(原資は、現在、保育園、幼稚園に助成金として提供されているものを充当する)

㈢ 子育てを終えた女性が、優先して社会復帰できる制度を設けること。

以上のように、安心して子育てができる社会環境を整備した上で、

㈣ 両親に、豊かな心を持つ子を育む義務を負ってもらうこと。

このような状況にならなければ、幾らカウンセラーを養成したとしても、根本的な問題の解決にはならない

と思います。何故なら、カウンセラーは悩みを持つ人の悩みを知識として回避することは出来ても、感覚として心を豊かにすることは難しいと考えるからです。

最後に私学助成金について述べます。

私が運営する学校も、私学助成金を受けられるのですが、今まで一度も助成金を頂いておりません。毎年、申請の時期になると埼玉県から申請の催促がきますが、お断りをしております。学校法人の認可を頂いて十年になりますから、もし頂いていたとしたら、その額は一億円近くに達しているだろうと思います。

では、何故私が助成金を受けないかといえば、学校は「特別法人」として税制面で多くの特別待遇を受け、一般企業よりも優遇されています。そのような環境のなかでも助成金なしに学校運営ができないということは、社会の需要に応えていないか、教育に対する理念に欠け子どもが集まらないかの、どちらかと考えるからです。助成金をあてにする学校には助成をして延命を図るのではなく、自らが需要に応え、確固たる教育理念を考えさせ、経営努力をさせるべきです。

また、多くの子どもを抱え運営が成り立つ学校に対しては、より一層の企業的努力をさせ続けるべきだと思います。安易に助成することで、学校が本来持ち得る企業的力を精神的に削《そ》いではならないと考えます。バブル崩壊の折、多くの私立学校が資産運用を誤り、損害を被りました。その被害の多くは学校運営に直接関係するものではなく、有価証券やリゾート開発・ゴルフ場開発などでした。何故、私立学校が運用資産を持たなければならないのか。何故、運用しなければならない資産を作れるのか。私が考えるに、その原資は私学助成金が主なのではないかと思います。今後私学助成金の在り方を変えなければ、学校は自浄努力を怠り、競争力を失っていくことになると思います。

現在の私学助成金制度を廃止して、子どもに直接関わる設備充実資金を低利融資したり、授業料の補助として学費補助の増額を行うべきです。学校を特別視せずに私企業と同列に置き、助成金をただ与えるのではなく、返済という義務を負わせることで、より真剣に学校は学校運営を考え、責任ある教育の在り方を考えて行くと思います。国家財政、地方財政困窮の折、従来の既得権限を認めているだけでは、新しい社会は創れないと思います。(平成十三年十一月十五日、衆議院議員会館での講演からの抜粋)

今、ゆとり教育など、真剣に文部科学省も子どもの教育について「これではダメだ」と考え始めてきているのです。しかし現実はどうでしょう?

土曜日を完全に休ませてしまうと、勉強が出来ない子になってしまうのではないか。みんなから勉強が遅れて、同じフィールドに立てないのではないか。つまり社会からつまはじきにされてしまうのではないかと考える親が、非常に多いのではないでしょうか?

しかし大切なことは、勉強が出来るだけではないと現在では社会が言っているのです。ノーベル賞を取った田中氏や小柴氏の例ではありませんが、皆と同じフィールドに立っているだけでは、本当の幸せが訪れない時代になっているのではないでしょうか?

教育は、どうあるべきか?

教育とは、本来どうあるべきなのでしょう?

今ある教育は、今ある社会が作り出した教育ではないかと思います。教育の現場には、あらゆる社会風潮が入り込んでいます。当然私たち人間は、今ある社会で生きていかなくてはなりません。しかし、社会主導の教育とは、如何なものでしょう?

社会で生きていくことは、当然大切なのです。ただ社会で上手く生きていく為だけに惑わされていることに、疑問を感じるのです。

今ある社会が正しい方向を向いているならば、言うことはありません。しかし、社会で今行われていることが全て正しいと言い切れないにもかかわらず、その教育をそのまま受け入れてしまうことは、危険なことだと思うのです。

今の社会は不完全です。まして流動的です。昔からある教育方法が、全て正しいとは限らないのです。教育のあるべき姿は、社会に沿わせた教育をするのではなく、子どもの個性を伸ばし、社会に影響が与えられるほどの能力を身に付けさせるかどうかだと思います。

能力と言うと語弊がありますが、社会がありき私たちがそのなかで生きているのではなく、一人一人が創っている世界が集まって、社会が形成されると思うのです。ですから、社会に個人を当てはめるのではなく、個人が社会を形成しているのです。サッカーの日本代表でたとえると、組織に個人を当てはめるトルシエジャパンと、個性を生かしチームを作るジーコジャパンの違いと同じです。

今ある社会で生きていくことを教えることも大事ですが、本当の幸せを掴むにはどうしたら良いかということを教えることが、本当の教育だと思います。本当の幸せは、一人一人違うでしょう。サッカー選手や、寿司屋さんになることが幸せな子どももいれば、弁護士になり、弱い立場の人を救いたいと考える子どももいます。幸せの基準は、千差万別です。一人一人の幸せの基準を見つけ、その幸せを達成する為の方法を教えてあげるのが、本当の教育だと思います。

ただ、今ある社会のシステムも、当然学ばなければなりません。我々は、今ある社会で生きているのですから……。大切なことは、人として何故生きているのかということだと思います。人生において全うしたいこと、つまり自らが人生を賭けてしたいことをすることです。そして道徳心、思いやり、公平な心、感性、考える力を持つことです。その次に、今ある社会のことを学んでいかなければならないと思うのです。

今の教育は、「会社員になって働く」という断片しか見せていないような気がするのです。皆と同じ枠にいないと、社会では生きていけないような風潮があるのではないでしょうか？

そのようなことはない筈です。今ある社会も、誰かが形成したものです。人が形成したものだからです。ですから、極端な話ですが、たとえ皆からつまはじきにされようとも、アイデア一つで、また自分の道さえ突き進む信念さえあれば、きっと道は開けるのです。よく成功者の言葉のなかに「信じていれば夢は叶う」ですとか「思考は現実化する」なんて言葉を聞くと思いますが、私もそう思います。ただ、単に信じ、念じていれば夢が叶うものだとも思いません。

しかし、この社会も誰かの頭が作り出したものなのです。発明品も経済情勢も誰かが考えたアイデアによって生み出され、生き物のように命を吹き込まれ、蠢《うごめ》いているだけなのです。思考しなければ、信じて行動に走らなければ、何も生まれてこないのです。ですから、成果はおのずと生まれてくるのです。ゴッホのように、死後百年経過してから認められるかもしれません。彼はそれでも幸せだったと思います。何故なら、好きな絵を描くことに一生を捧げられたのですから……。

結局、今ある教育は、受験戦争で勝ち抜くことが、幸せに生きる手っ取り早い方法として取り上げられ、宗教のように崇められているのだと思います。

その為どれだけ多くの子どもたちが、傷ついてきたのでしょう?

どれだけ多くの子どもたちが、この社会に疑問を持っているのでしょう?

どれだけ多くの子どもたちが、夢を失くしたのでしょう?

その多くの問題に疑問を感じ、抵抗したのが、不登校の子どもだと思うのです。与えられたレールに乗ることが、全てではないと。ただ、まだまだ未熟なので、自分の意見を訴える方法がわからない為に、暴力で訴えたり引きこもったりするのではないでしょうか?

そういう子どもたちは、自己表現がうまく出来ない子どもたちだと思うのです。

学校教育が全て悪いとは言いませんが、子どもたちは、自らが幸せな人生を歩む為に、必要でないと感じたことには、一切興味を持たなくなるのだと思います。もっと幅広く個性を伸ばせる学校があってもよいのでしょう。

基本的な計算が出来るといったことは、生活を営む上で、当然必要なことです。ただ極端なことを言ってしまえば、専門的なことは、学びたい人だけが学べばよいと思うのです。生活上必要としない専門的なことがわからないというだけで、優劣をつけることには、疑問を感じます。

例えばその子が進む方向性が数学者でもない限り、数学はその子にとって極端なことを言ってしまえば、必要な学問ではないのです。ですから言ってしまえば、子どもの可能性を無限に広げることが本当の教育ではないかと思うのです。不登校の子どもたちは、自らを認め、存在意義を確定したいのです。

以前、神戸で起きた酒鬼薔薇聖斗と名乗る中学生が、殺人を犯したことについて、どのように考えているかと言う問いに対して、「自分の存在意義を確かめたかったのかもしれない。大きな事件を起こせば、自分が存在していることを確認できると感じたのかもしれない」と答えたそうです。

子どもたちは、今ある教育を通して、自分の存在意義を感じることが出来なくなってきているのかもしれません。つまり、生きている意味、生きる意味を剥奪されてしまったのではないかと思うのです。死ぬまで、生きる為に嫌な仕事をしてお金を稼がなくてはならないのかと思うと、嫌気が差します。

誰だって好きなことをして、夢に向かって生きていたいと思うのが普通でしょう。その夢の叶え方を、今の教育では賄いきれていないのではないかと思うのです。その典型的な問題が、不登校という形で表れているのだと思います。不登校にならなくても、そのような問題を日々抱え、悶々とした生活を送っている子どもが多いと思います。それが今、夢のない子どもたちを多くつくってしまっている原因ではないでしょうか?

それらの要因は、家庭、学校、社会と様々なところで作られているのだと思います。

まず家庭のなかでは、子どもの教育が受験を勝ち抜く為の教育になっていることが、多いのではないでしょうか。最近では、塾の他にあらゆる習い事を掛け持ちしている子どもが多いそうですが、好きなことを見つける為の手段としては、問題はありません。習い事が好きであり、その道に進むということであれば、それはそれで良いでしょう。ただ受験をメインにしながら、勉強以外にも出来ることがないといけないという考えで習い事をするのは、ちょっと違うのではないかと思います。あくまでメインは、子どもがやりたいことです。スポーツをやってもどうせプロ選手になれないのだから、やめておきなさいと言う人がいますが、チャンスはどこにあるかわからないのです。プロの選手になれなくても、サッカー好きが高じてサッカー関連の仕事を立ち上げて、成功するかもしれません。

要は何度も言うように、子どもの可能性を親の判断で摘み取ってはいけないということです。ですから、子どもを自分の子どもとして見るのではなく、一人の個人として向き合うことが大切なのではないでしょうか。

一個人というのは、大きな波に飲まれがちです。社会という波に飲まれる前に、もう一度家庭内において、子どもの本当の幸せとは何かを考えて頂ければと思います。

子どもの夢、子どもが興味を持っていること、子どもの思想、子どもの行動、話す言葉。どのようなことに、悩みを持っているのか。子どもが愛情を欲しがる時は、どのようなときか？　そして、子どものしつけに関しても、叱り方から褒め方まで、とにかく子どものことをもう一度考えていただければと思います。

学校の本当の意義とは、何なのか？

学校とは、受験勉強を教えていれば、それだけでいいのでしょうか。既に受験勉強を教える場所は、塾や予備校という形で存在しています。ということは、今ある学校は、どのような方向に進むべきなのでしょうか？　学校とは本来、人としてのモラル、社会生活の営み、無限の可能性を引き出してあげるところではないかと思います。今の学生に言わせれば、大学に入るだけの勉強はしたくないというのが、本音だと思います。「学校には友だちがいるから通いたいけど、勉強が嫌だからサボる」と言うのをよく耳にしますが、まさにそのとおりだと思います。

つまり学校自体が、受験勉強に比重を置きすぎになっているのではないでしょうか。

もちろん、それら全てが悪いとは言いません。ただ知識詰め込み型の勉強だけに比重を置くのは、如何なものかと思うのです。もっとバランス良く、子どもたちの未来の為になるような教育をしていかなければならないと思うのです。

自分の生き方を追求し、無限の可能性を育てる

つい最近、コマーシャルでも使われていましたが、日本の勉強の仕方は、5+6=□という形が殆どですが、海外では、□+□=11となっている国があるそうです。つまり考える力、自由な発想を伸ばそうとしているのです。自由な発想が出来れば、子どもたちは、自らの考えで自らの人生設計が出来るはずです。その人生設計に沿った、あるいは逆に逸脱した時に、アドバイス、やり方を教えてあげるのが本来の教育だと思います。とにかく個性を伸ばしてあげることだと思います。

学校の本来の姿を取り戻すべきだと思います。学校が作られたのは、子どもの可能性を広げてあげる為ではないでしょうか？

これからは、受験勉強だけに比重を置くのではなく、塾や予備校とは違う新しい方向性に進み、また本来ある学校の姿を取り戻していかなければならないと思います。その為にも子どもたちの無限の可能性を広げ、人としての思想から、夢の叶え方まで教えていかなければならないのではないかと思います。つまり、道徳心、自由な発想、今ある社会のあり方、協調性、個性全てにおいて、教えていかなければならないと思います。

その発端が、今実施されているゆとり教育だと思います。まだまだ機能はしていませんが、これから学校の教育は、変わらなければならない時期に既に入っているという、表れだと思います。

このように学校、家庭、社会の歪みによって生み出されたのが、不登校問題ではないでしょうか。不登校の子どもは、本当に苦しい思いをしています。また不登校を抱える家族も苦しいはずです。

特に重い症状の不登校の子どもたちは、自らの考えに正当性を持っているのだと思います。社会の考えと自らの考えをすり合わすことにより、矛盾を感じている子どもたちなのです。とても純粋な子どもたちだと思います。ただ自らの考え方を訴える術を知らないため、大人たちから見れば素行が悪いとか、何を考えているかわからない、ちょっと気持ち悪い子と思われてしまうのです。

大人になっても、自らの意見がうまく通らないことは、多々あると思います。しかし、上司の命令だから、社会とはそういうものだからと決め付けて、自分を押し殺している人も多いはずです。不登校になる子どもたちは、そのようなことが出来ない為、不登校になっているのかもしれません。我慢することも大切ですが、自らの根幹の信念を曲げられない子どもが多いのでしょう。

ですから訴える術がわからない子どもたちは、必死に自分なりに訴えているにもかかわらず、まともに話を聞かないことが続くと、大人たちは何を言ってもわかってくれないと、臍《へそ》を曲げてしまうのです。すると、今度はかたくなになり、大人たちの意見を聞かないことが、信念の根幹へと摩り替わってしまうのではないでしょうか？

そのようになってしまったら、不登校をなおすことは、困難を極めてくると思います。親や大人にも意見があるように、子どもには子どもの理屈、意見があるのです。その意見を聞いてあげることが大切なのではないと思うのです。

とにかく社会や学校、家庭の場においても、多くの人の意見を親身になって聞き、その解決策を真剣に考えるということが欠如しているのではないかと思います。そうでなければ、ここまで多くの様々な問題が氾濫することはないと思います。

やはり、思いやりの心が欠如しているのでしょう。もちろん正直者がバカを見るという言葉が普及したように、自分の身は、自分で守らなければいけません。しかし、今の世の中のように、自分さえ良ければ良いというような考えが氾濫することは、とても危険なことだと思います。この考えを正していかない限り、多くの問題や不登校の問題が全面的に解決することはないでしょう。一人一人のちょっとした思いやりが、多くの問題を解決へと導くと思うのです。

社会的背景を変えることは、難しいことです。しかし、アメリカに住む一人の人間が、捕鯨禁止を訴えたことによって、アメリカ政府を動かし、日本が鯨を獲ることが出来なくなったという話は、よく知られています。そのように、一人一人が今の世の中どうしてもおかしいなということを訴え続ける、ほんの少しでも思いやりをもち続けることが、不登校の子どもをなくすことに繋がると思うのです。

理想論と言われるかもしれませんがしかし、一歩踏み出し、行動することが、理想に繋がる最初のステップだと思うのです。踏み出さない限り、理想は訪れません。

昔は、受験戦争を勝ち抜くことが、幸せの象徴でした。一流大学と言われるところに入学することは、当然悪いことではありません。むしろ専門的なことを学ぶことが必要な子にとっては、ありがたいことです。ただ、一流と言われる大学に入ることだけを目標とすることに、疑問があるのです。本当の幸せは、十人中十人、一流大学に入ることだけではないと思います。その後どういう道に進み、どのような夢を追いかけ成就するかが、一番大切なところだと思うのです。

そのことを教えている学校が、一体幾つあるのでしょう?

先生たちの意識改革も、必要ではないのでしょうか。今行われているゆとり教育も、意味をなさないものになってきているのではないかと思います。知識重視の勉強にまだ偏っているからこそ、ゆとり教育の本来の機能が失われているのではないかと思います。時代の流れに私たちがまだ乗り切れていない、象徴ではないかと思います。

凝り固まった頭を柔軟にすることも、教育の役目ではないかと思うのです。社会の実情と教育現場の実情が、若干ずれているのではないかと思います。そこへ来て、我々人間は変化をあまり好まない傾向にあるということもあり、昔の教育制度にしがみついている面もあるのではないかと思います。そのような矛盾を感じながらも生活している私たちは、この世の中の仕組みに慣れすぎてしまったのでしょうか?

もしくは受験という神話を、信じきっているのかもしれません。どのような理由であれ、時代は移りゆくものなのです。そのことを、一人一人が肝に銘じておかなければならないと思います。

そして、大事なのは家族の力です。家族の絆が、今欠けているように思います。人は一人で生きている訳ではありません。子どもの顔を見て安らいだり、親の温かさに触れて家族の大切さを感じたりすることによって救われることが、多々あると思います。親は自らのことを考え、同時に子ども、家族のことも考える。大変なことかもしれませんが、そのような感覚が欠如しているからこそ、自分の許容範囲では捉えられない子どもというレッテルを、貼ってしまうのです。

自ら血を分けた子どもなのです。一緒に住んでいる家族です。真剣に子どものことを考えているならば、子どものことを、とことんわかってあげるべきだと思います。それが本当の親の愛情ではないでしょうか?

社会の影響もありますが、その親の愛を多くの親が見失っているのが、現状だと思います。社会に流されず、良いところだけを取り入れ、本当の愛情を注げば、不登校の子どもなど生まれては来ないでしょう。

鳥海氏は長年様々な教育問題に触れ、不登校の子どもを預かってきたなかで、数多くの不登校の子どもが社会復帰していきました。たくさんの悩みを抱える子どもたちと長年接してきた過程で、鳥海氏は悩みを解決する為の方法は、子どもたち自身から教えられたと言っています。

リストカットする子、引きこもる子、家族の愛情を受けない子ども、たくさんの悩みを抱えた子どもが、通って来ます。長年行ってきた成果が実ったからこそ、二十年近く不登校の子どもを預かる学校としてがんばってこられたのでしょう。

鳥海氏の学校で行っている教育が、実際に不登校の子どもを通学させるようになり、社会復帰も出来ているのです。教育は行う人が行えば、変わるという一つの例ではないでしょうか。教育も社会も変えることが出来るのです。もう一歩、現状から足を踏み出すことが、出来たならば……。

鳥海氏の教育は、机上の空論ではありません。実践論です。多くの人が参考にしていただければ、不登校の子どもがいなくなることも可能ではないかと、思います。

以下では私が鳥海氏から聴き出した教育の理念を、出来るだけ鳥海氏自身の言葉として再現してみました。語り手である「私」を鳥海氏ととってくださってかまいません。

第一章　教育が、本来目指すべきもの

子どもたちが入学に至る経緯

私が運営している学校は、本校を必要とする子どもたちの為にある学校です。他校に通学が出来、適応出来る子どもは、他校で学ぶことをお勧めしています。本校は、不登校である子どもを預かることが多い学校だからです。また人数的にも余りに多くの不登校の子どもに対応するには、限度があるからです。

ですから本校から合格の旨を通知しても、他校の合否結果が明らかになっていなければ、入学の手続きをとってもらってはいません。他校に入学ができるならば、そちらに入学してもらいたいからです。ただ、本校のみ合格した子どもや、どうしても本校にしか適応できないと考える子どもには、入学をしてもらっています。それが本校入学の絶対条件です。

入学してくる子どものほとんどが、小学校、中学校から不登校の子どもです。その為、集団生活に適応できず、学力的にも遅れをとっている子が多いのです。つまり、毎日学校へ通学するという習慣が身についていない子が多いのです。

そういう状況で他の学校を受験することを親が難しいと判断した場合、直接本校に入学してきます。また普通の学校に入学したが適応できず、編入してくる場合もあります。稀なケースですが、子どもが引きこもり状態の為、親の懇願によって、本人の了解なしに子どもを入学させるケースもあります。また、親がどうにも対応しきれない子どもも、入学してきます。親が藁をも掴む思いで入学させる子どもは、全体の約三割を占めます。

さらに、活発な子どもが不登校のケースもありますが、今現在、本校では受け入れておりません。大半は万引きをした子どもや夜遅くまで友達とつるみ、遊んでいる子どもたちです。そういう活発な子どもも、以前は受け入れていました。しかし、今は受け入れてはいないのです。何故ならそういう子どもたちは、活発な為、よく動き回り、多くの事件を起こすことがあったからです。以前、こういうことがありました。

都内にある学校に通っていた子が問題を起こし、本校に入学してきました。その子が入学して間もない頃、集合住宅の駐輪場からバイクを盗み、警察に補導されたのです。さらにその子は、警察からの処分が確定しないうちに、またバイクを盗むという同じ事件を立て続けに起こしたのです。学校側は最初の窃盗事件の対応に追われているところに、警察から二件目の窃盗事件が発生したことを知らされたのです。

当然学校側としては、その子を指導しなければなりません。また立て続けに事件を起こされることにより、先生たちの労力がその子に集中してしまいました。その結果、他の子どもの教育まで、手が回らなくなる恐れが発生してしまったのです。ですから、窃盗や飲酒、タバコを吸うといった活発に行動する子どもは、今は受け入れてはいないのです。

今受け入れている子どもは、精神面で内向的な子どもたちです。そのような子どもたちの為にこそ、本校が存在すると決めました。このことは、校長を始め、先生たちに通達している事項です。活発な不登校の子たちを入学させないように、面接をする先生や合否を決定する先生に強く言っています。

一度、地元の暴走族に所属している子どもを入学させたことがあります。しかし、その子に対しては、入学金と授業料を全額返金し、他の学校を受験してもらうことにしました。

活発な不登校の子どもは、親から子育てを放棄されていることが圧倒的に多いのです。やはり子どもの不登校をなおす為には、親の力が必要です。学校の力だけでは、どうにもならないのです。

「学校に任せたので、何とかしてください」と言う親がいますが、それは無理な話です。どうしても、親の協力が必要不可欠なのです。ですから親からの協力が得られない場合は、入学を極力拒否しています。本校は、内向的であり、ほんの些細なことにでも不安や悩みを持つ子どもを対象として、入学をしてもらっているのです。

不登校の子どもには活発な子と内向的の子がいますが、活発な子より内向的な子のほうが、圧倒的に問題の根が深いと思います。根の深い問題を解決していくことは、大変なことです。しかし本校としては、ねばり強く対応していこうと努力をしています。

入学の形態

不登校の子どもが入学してくる経緯は、中学校の先生に勧められ入学してくるケースが多くを占めます。また各市町村に在る教育研究所の勧めで、入学してくる子どももいます。教育研究所とは、小中学校の義務教育の過程で不登校となった子が、少人数制で学習をするところです。十八年間、不登校の子どもを預かっている本校の実績を認めてくれていることもあり、教育研究所を通して入学してきます。

それ以外のケースでは、知人に勧められたり、インターネットで不登校の子どもを預かる学校を調べたりと、様々な形で入学してきます。

不登校になる原因

知識に比重を置く職業についている親の子どもは、不登校になりやすいと思います。根本的な生きる、死ぬといったことから身近なことまで、知識として中途半端に物事を吸収している親は、自らの考えや意識がほとんどありません。人から教えられたものを自分のなかで吟味せず、そのまま受け入れて、「そうなんだ」と思って生きているのです。

ですから、ちょっとした矛盾にも気付きにくい。自らの考えで物事を言わない為、子どもに対し説得力が欠ける。そこで純粋な子どもたちが親を見た時、親たちは中途半端に見えてくるのです。親が言っていることとやっていることに、矛盾を感じるようになるのです。そして子どもは親に対して不信感を持ち、不登校への階段を駆け上るのです。

不登校の子どもを大きく分けると、症状の軽い子どもと重い子どもに分けられます。百人いれば百通りの問題が存在します。症状の軽い子どもは、学校のカリキュラムなど対応を変えることにより、通学できるようになります。そしてほぼ百パーセント社会復帰が出来ます。症状の重い子どもは、様々な問題が重なり合って、不登校になっています。友人関係、先生の対応、学校の規則、健康面、両親の離婚、絶え間ない親の夫婦ゲンカ、他の兄弟だけ可愛がる親、親との価値観の違いなど、様々な問題を抱えています。

症状の重い子どもは、物事を深く考えることが出来る為、悩みの連鎖から抜けられなくなってしまうのです。物事を深く考えることが出来なければ、そのような問題には立ち入らず、矛盾を感じないでしょう。また感性が強い為、他の人が感じられないことまで感じて、そのことについて理解されないが故に、悩み苦しむのです。

症状の重い子どもを長年見てきた結果わかってきたのですが、どのような問題であれ、最終的には、「不安」、「不信感」、「孤独」、この三つに行き着きます。親に対する不信感。先生に対する不信感。大人に対する不信感。将来に対する不安。自分はこのままで生きていけるのだろうか？　皆と協調していけるのだろうか？　家庭のなかに居場所がない孤独感。様々な「不安」、「不信感」、「孤独感」が入り乱れます。

「不安」、「不信感」、「孤独」、この三つを取り除かない限り、不登校はなおらないのです。結局、どのような問題が絡み合っていても、子どもを理解してあげなければ、不登校がなおることはないのです。

親御さんへ伝えたいこと

以前講演をした時のことです。重い症状の子どもを生むケースは、家族の責任が重いという話をしました。私の講演を聞きに来ていた、症状の重い子どもを持つ親御さんから、「先生、それは家族に対して、少し厳しいのではないでしょうか?」と言われたことがあります。しかし、子どもの保護者は親なのです。学校でも社会でもありません。最終的に子どもを守ってあげることが出来るのは、親だけなのです。ですから家族の責任は、本当に重いのです。

私は様々な保護者に会う機会があります。そのなかで一番多く保護者の方が言われることは、「私たちは、自分の子どもに対し、充分な愛情を注いできました。しかし不登校になってしまったのです」ということです。たしかに親ですから、自分の子どもに愛情を注いでいないとは言いません。親身に愛情を注いできたことは、事実でしょう。しかし、その愛情は、本当に子どもが求めていた愛情だったのでしょうか?

もし子どもの求めている愛情と親が与えている愛情が違うものだとするならば、それは「愛情のかけ違い」です。お互いがお互いのことを想っていながら、どこかで擦れ違い、お互いに不信感を持ってはいなかったでしょうか?

親は親で、何故こんなに親身に愛情を注いでいるのに子どもはわかってくれないのだろう?

子どもは子どもで、何故親は、私の気持ちをわかってくれないのだろう?

このような現象が生じているのです。親御さんに言いたいことは、子どもが本当は何を考えているのかを理解してあげるということです。理解することが出来れば、不登校がなおることに、多くの時間は要りません。本校は不登校の子どもに対し、父親、母親の代わりをしているだけなのです。「世の中には、君の信頼できる人がいる」「君は、一人ではない」ということを、感じとらせてあげているだけなのです。

大人たちは、勘違いをしています。子どもが抱いている将来などの不安に対して、「将来、社会に出て立派に生活するためにはどうしたらいいか」と説くことや、孤独感に対して、「友だちがいる。兄弟がいる。だから寂しくはないでしょう」と話すことは、無意味なのです。

親が「あーだ、こーだ」と言うのではなく、実際には何も言わなくても、世の中に信じられる人がいるということを教えて、子どもが自らそれをわかる環境を作ってあげることが、大切なのです。行動で示してあげるのです。その為には「あーしろ、こーしろ」と言うのではなく、不安な時には、常に一緒にいてあげる。子どもが何か話をしたい時には、どれだけ忙しくても、その子に時間を作ってあげることです。子どもが求めているものに対して、それ以上のものを与えてあげることです。

そのことがどうしても出来ないのであれば、他の人に託すという方法もあります。お医者さんにかかった時、当たり外れがあると思います。腕が良い悪いは別として、自分とフィーリングが合う先生がいる経験をしたことがあるでしょう。それと同じように、子どもにも必ずフィーリングが合う人がいるのです。

もし、自分の子どもが自分の手に負えなくなった時は、様々な人に子どもを会わせることです。そして子どもとフィーリングが合う人を探し出すことです。当然、不登校をなおす為ですから、専門家のところに連れて行くのが一般的でしょう。しかし医者、カウンセラーは、不登校を専門に扱っている人だからといって、必ずフィーリングが合うとは限りません。合う人は、もしかしたら、隣のおばさんかもしれません。親戚のお兄さんかもしれません。子どもは、フィーリングが合う人と話をすることのほうが、フィーリングの合わないカウンセラーと話すより、数倍速くなおることが出来るのです。

私が百パーセントなおせると言えないのは、この為です。やってやれないことはないのですが、一人一人の子どもに合った人が行ったほうが、なおりが早いと思います。とにかく、様々な人と子どもを会わせることです。出会いとは、とても大切なものなのです。フィーリングが合うかどうかは、子どもが教えてくれます。感性が強いからです。また、子どもは自分を理解してくれる人を、必死に探し求めているからです。

親の責任においてどうしても手に負えなくなったならば、子どもの出会いをたくさん作ってあげることです。

もう少し成長をみとどけたかった子どもたち

●学校を辞めた子ども

地方の小さな町の高校に通っている男の子がいました。その子は寂しがり屋で、少し弱々しく神経質な子どもでした。高校入学後、非行グループに入り、毎日のようにその子どもたちと行動を共にするようになりました。そして様々な理由があり、本校に転校してきました。

後から聞いた話なのですが、その子が言うには、万引き、窃盗、傷害事件を起こし、少年鑑別所に入っていた時期があったのです。本校に入学する時は、保護監察中でした。親も本人もそのことについては、一切学校側には話をしませんでした。本校に入学後、その子は、「保護観察中のことを学校に話すと、入学させてもらえないと思って、言えなかった」と話をしたのです。

とりあえず、学生寮に入れ、通学させました。しかし環境が変わったからといって、考え方がすぐに変わるはずもありません。またこちらで、非行グループに入ってしまったのです。夜、出歩く。学校にはあまり登校しない。そういうことになると、学校側は、万が一問題が起きた時、責任が取れません。

そこで父親に学校を訪ねてもらうようにしました。そして家族で話し合いをしてもらうようにと話をしたのです。その父親は、子どものことを信用していませんでした。

「三年間、私たち家族は、裏切られ続けてきました。もうこれ以上あの子が何と言おうと、信じることは出来ない」と言ったのです。

「親が信じてあげなければ、誰が信じてあげるのでしょう？　三年間騙され続けたなら、五年、十年でも騙され続けたら良いでしょう？　最終的に子どもを信じてあげられるのは、親しかいないのではないですか？　親が子どもを信じず、子どもが更生できることはありえません。もし私があなたの立場でしたら、子どもがどのような過ちを犯しても、子どもを信じます。お父さんは、自分の子どもを信じてあげられないのですか？」と私は、言いました。

すると父親は、「そんなことは出来ない」と言うのです。本校は、活発な不登校の子を受け入れてはいません。そこで、私は「個人的に預かることは出来ます」と、話をしたのです。

何故なら、ここで父親がこの子を連れて帰ってしまっては、同じことの繰り返しになるからです。地元の非行グループに再び舞い戻り、悪事を繰り返すだけです。家庭に居場所がなければ、一番居心地が良かった地元の非行グループに舞い戻ることは、目に見えています。ですから、個人的に預かると申し出たのです。

しかし、父親はその子を家に連れて帰ってしまいました。私は学校を辞めることを本人や親の意志に任せていますが、このケースは、止めるべきだったと後悔しています。学校を辞められてしまうと、手の付けようがありません。

家庭の事情で授業料が払えない、この子が働かないと生活が出来ない、地方から出てきている子どもでは住居費、生活費が払えないと、様々な理由で親が子どもを連れて帰ります。金銭的なことに関して、他人が口をはさむことは出来ません。しかし本当に子どものことを大切に思うならば、ほんの少しでも良いので、私どもが考えていることを理解していただければと思います。

最終的に本人の問題だとしても、両親の理解が得られなければ、不登校をなおすことが出来ないのです。理解が得られる状況を作ってくだされば、百パーセントと言いませんが、九七・八パーセントはなおすことが出来ると、私は確信しているのです。

●自立した時に

子どもたちが自立し始めた時、どのような本質が出てくるかはわかりません。優しい本質が出てくる子もいれば、他人に攻撃的な本質が出てくる子もいます。これは自立させてみないと、どのような本質が出てくるかわかりません。

良質な本質が出てくれれば、完全なる自立が出来て、社会への適応性もかなり高くなります。悪い本質が出てしまうと、その本質をなおす為に更なる時間が必要です。完全なる自立と共に、悪い本質の部分をなおしていかなくてはなりません。

悪い本質というと例えば、人に対し攻撃的であることや被害者意識が強い、また潔癖性が高いことなどです。悪い本質の部分が出てしまうと、学生生活という三年間の期間のなかでなおすことは、難しくなります。もちろん良質の本質が出るように努めますが、こればかりは、子どもたちが自立し始めてみないと、わかりません。悪い本質が出たとしても、自立し始めることにより、学校には登校してきます。

そうしたことからも、本当の意味で不登校をなおすということは、どこまでが範囲に入るものかと、時々考えてしまうことがあります。人として多少問題があったとしても、三日のうち二日登校できるようになれば、それは、なおったというべきなのでしょうか?

私は、そうは思いません。社会の中において集団生活が出来て、協調出来ることが、本当に不登校がなおったということだと思います。しかし、悪い本質が出てしまうと、三年間という期間ではなおすことが難しくなります。一般的に、「不登校から立ち直るには、不登校になり悩んでいる期間と、同等の時間が必要である」と言いますが、私もそう思います。

ですから、そういう子に対しては、卒業後も悩みがあれば、相談を受けつけています。また個人的に預かることも出来ます。

悪い本質が出てしまった時は、うまくいかないことが多いのです。

●他人に依存している子ども

他人に依存している子どもも、手に負えないことが多いのです。男の子であればガールフレンド、女の子であればボーイフレンドに依存している子は、匡正しようとしてもうまく応じてくれません。第三者の意見が通らないからです。

ボーイフレンドが、常に二人いる女の子がいました。私はその子のボーイフレンドと何度か会ったことがあります。しかし会う度に、新しい子に変わっているのです。私はその子に「今日会った、ボーイフレンドは何人目?」と聞いたことがありました。その時、その子は「私には予備が必要なの」と言ったのです。一人ではいられない。怖い、耐えられないのです。万が一、ケンカ別れをしても、もう一人いれば安心ということで常に二人と付き合っているのです。その時、私はその子にカウンセリングをしませんでした。依存できる人がいる時には、私の意見が通らないからです。ボーイフレンドの意見を尊重してしまいます。

こういうケースになると不登校をなおすことは、非常に難しくなります。異性に依存している時は、なおすことが本当に困難です。しかし、寂しさを紛らわすためのボーイフレンドやガールフレンドは、せいぜい持って半年、一年です。そういう子たちに対しては、「今、出逢っているボーイフレンドやガールフレンドは、本当に君たちが求めている出逢いではない」と言い聞かせます。なぜなら、お互いの傷を舐め合う付き合いは、長続きしないからです。お互いに、わがままであるからです。

経験から言って、長続きはしません。半年、一年後に別れが来ます。その時が、なおすチャンスなのです。しかしその子は、次から次へとボーイフレンドを作っていたことによって、結局カウンセリングすることが出来ませんでした。苦い経験です。

●グループに所属している子

一対一になれない子どもも、うまく対処が出来ないことがあります。自分の周りに同じような環境を持ち、傷を舐め合っている子です。何かアドバイスをすると、そのグループに逃げ込んでしまうのです。しかし、なおす方法もあります。地方に住んでいる子どもは、学生寮に入れます。学校の近くでもそういうグループに入ってしまったならば、海外に送り出します。ハワイに施設があり、そこに住んでいる人のところに預けるのです。かなり効果があります。

海外では、日本では当たり前のことが、当たり前ではないからです。日本語が通じることさえ、ありがたみを感じます。また、自ら生活しなければいけないことで、親のありがたみがわかるからです。しかし、そういうことも出来ない子どもは、対処が難しくなります。まずは根気よく、信頼関係を作っていくしかありません。

卒業後の子どもたち

●不登校の症状の軽い子ども

症状の軽い子どもは、すぐに登校できることもあり、スムーズに社会に出て行きます。就職をすると十数年は勤めます。子どもたちを預かってから十数年しか経っていないので断言はできませんが、定年まで勤めるのではないかと思われる子もいます。めったに職を変えず、定着性があるのです。

何故ならば、症状の軽い子どもは、ハンデを気にする子が多いからです。皆に追いつけないことに、恐れをなすからです。ですからまじめに十数年働く子どもが多いのです。

●不登校の症状の重い子ども

症状の重い子どもの七割が進学します。七割のうち半数の子どもが、大学に進学します。大学に進学した子どもの半数が、芸術系の学校に進学します。デザイン、コンピュータグラフィック、絵画を専攻した子どももいました。芸術家の感性に近いのかもしれません。芸術系でもコンピュータを扱う分野が大半です。

後は、自分の不登校の経験を生かしたいと考えて、臨床心理士を目指している子どもも多いのです。こういう子どもも、いました。小学校五年生の時、不登校となり本校に入学してきた子どもです。この子は同志社大学を受験し、法学部以外の全ての学部に、現役で合格したのです。

この子のように重い症状の子どもは、深く物事を考える傾向が強い為、目標を定めると、物凄いスピードで物事を吸収し始めます。目標以外、見えなくなるので、完全に立ち直ることができるのです。

後の三割の子どもは、自立し始めた時に悪い本質が出る子どもたちです。悪い本質が出ていても学校には登校してきます。そして、きちんと卒業していきます。しかしその後の進路は、進学、就職にも混ざれないのです。学校生活という短い期間では、社会に適応することが難しいからです。学校という立場を超えて、その先まで改善していかなければならない、ケースなのです。

不登校になる子どもは、本当にまじめです。ですから社会の矛盾に首を傾げ、自分の遅れに恐怖を抱くのです。もっと多くの大人たちが温かい心で、不登校の子どもたちを見守っていただければと思います。

第二章　鳥海氏の教育方針について

子どもへの指導理念

●学校の運営

㈠ 従来の公立、私立学校の運営方法を参考にし、常に、子どもおよび学校にとって最善の方法を心掛け、他の模範となる運営を確立する。

㈡ 成長過程の若人を預かるという重要な役割を自覚し、情熱と責任を持って職務を遂行する。

㈢ 学校運営に携わる全ての人が平等な立場に立ち、子どもおよび学校にとって最良の方法を考え、提言を心掛ける。

㈣ 職場において本校の設立主旨を理解することはもちろん、生徒指導、学校運営について徹底的な意思の疎通をはかり、一致して職務に努める。

㈤ 講師をはじめ全員が、子どもとの意思の疎通をはかることを心掛ける。

㈥ 各クラスの担任制は設けるが、担任の役割は登校・下校時の連絡および注意を主とし（教育事務）、全ての専任講師が一般的にいう担任としての役割を共有する。

●子どもを指導するに当たって

㈠ 個々の目的を見出させるように指導する。

㈡ 自主的に「学ぶことの大切さ」を知ってもらう。

㈢ 毎日が「満足感に溢れ」生きていることの楽しさを知ってもらう。

㈣ 周囲の人々を思いやる「優しさ」を身に付ける。

㈤ 優れた知識、技能、人格を身に付け、社会に貢献する。

㈥ 自然から「人としての本当の生き方」を学ぶ。

●子どもに接する姿勢

㈠ 子どもに信頼される価値観・人生観・生活姿勢を持つ。

情熱や真剣な態度、優しさがなく、建前の押しつけや自らが実践しないものを子どもに求めても信頼はされない。指導者はしっかりとした信念や信条をもち、実践する者でなければならない。気負いや不平等、偽りがあってはならない。そのように考えることで、質の高い自然体が求められる。

㈡　人として子どもたちを傷つけてはならない。

成長過程の子どもたちは、何事においても不安定と考えられる。言葉や態度、指導を熟慮し、個々に沿った姿勢で接する。

㈢　物事の善し悪しを適切に指導する。

良きことは良きこととして評価し、悪しきこと（人の迷惑になること、人を傷つけること）は、悪しきこととして適時に注意をする。

㈣　子どもの持つ短所より長所に視点を置く。

短所をなおそうと考えるより、長所を広げることによって短所を少なくする。

㈤　全ての面にわたり、子どもの自覚と自主性を育む。

強制する指導ではなく、子ども一人一人が自覚をし、自主的に取り組む姿勢を育む。たとえその子に短所があったとしても、強制した指導は本当に改まったものではない。自覚し自主的に改めることが、本当に改めることだと考える。結論を急ぐことなく、ゆったりとした指導が必要。

㈥　子どもから学ぶ

子どもの求めるものを教え、人としての生き方を諭し、子どもから学ぶ。子どもを指導することも大切だが、子どもから学ぶことも大切だと考える。

㈦　自らに厳しく、人に優しく。

子どもが求めるもののなかには専門的な知識、技術はもちろん、人としての「生き方」を求めている部分があるように考えられる。常に、指導的立場にある者は、「自分に厳しく、人に優しい」姿勢で臨んで欲しい。人を指導するということは、物を生産し、あるいは販売することとは異なり、いい加減な考えや気持ちで片手間に出来ることではなく、また、なすべきことでもない。常に自ら手本となるよう、謙虚な気持ちを持ち努力することが大切である。

臨機応変なカリキュラム

●自分のやりたいことを、自分で見つけるために

不登校の子どもは大きく分けて、軽い症状の子どもと重い症状の子どもがいます。軽い症状の子どもは、小中学生の時、学校に問題があったり、人間関係に問題があったりした子どもがほとんどです。そういう子どもは、本校に入学した時点で不登校がなおります。全校生徒の約六割の子どもです。後の四割は、症状が重い子どもであり、登校できるようになるまで少し時間がかかります。

何故入学と同時期によくなるのかといえば、それは、環境が変わるからです。学校、先生の対応の仕方が明らかに他の学校と違うからです。本校の対応や先生の対応を見て、六割の子どもは登校できるようになります。

本当にこの子が不登校であったのかと、不思議に思うくらい通学してきます。その理由は本校のカリキュラムにあります。

本校は自分のやりたいことを見つけさせ、実行させる学校です。学校で行われていない学習内容でも、子どもの提案を実行に移し、授業のなかに創ることが出来ます。すると子どもたちは、強制されることではなく、自らやりたいことをすることによって、学校のなかに楽しさを見出します。

学校には月曜日から金曜日まで、きちんと時間割があります。ただ症状の重い子には強制させません。例えば月曜日の一時間目が国語だったとします。すると国語のクラスに入ることを、強制はしません。何故なら学校に登校しなくなるからです。あくまで、自主性を重んじています。すると単位の問題が生まれてきますが、それは他の授業科目の単位でまかないます。

不登校になる子どもは、決まった時期に不登校になる訳ではありません。小学校一年生から不登校になる子どももいれば、中学に入学してから不登校になる子どももいます。様々なケースがあります。ですから本校では、一般の学校のように、確立された授業をするといったことが出来ません。

そこで、その子ども子どもが理解できるところから、学べるようにしています。英語や国語といった必修科目は、最低限クラスを三つに分けています。必要であれば、四つや五つにも分けます。つまりその子の状況に合わせ、学年を飛び越え、または下げてと、授業を受けることが出来るのです。臨機応変です。

またクラスになじめない子や、二、三人の輪のなかにも入れない子には、一人だけのクラスを作ります。教室で授業を受けることが嫌なのであれば、職員室でも図書室でも、居心地の良い部屋を与えます。とにかく自分の居やすい居場所を見つけなさいと、言います。つまり、学校のなかに、その子の居場所をきちんと作ってあげるのです。

よく不登校の子どもに「学校に来なさい」と言う先生がいますが、学校に問題があり、その子の居場所がなければ、登校するはずもありません。不登校をなおす為には、学校に居場所を作ることからスタートするのです。

何故このようなカリキュラムを組んでいるのかというと、「学ぶ」ということは、「自ら興味を持ち、知りたい」と思うことだと考えるからです。強制をされて学ぶということは、本当の意味で学ぶことではありません。つまり、現在の日本の教育は間違っているように思います。学ぶことに関して、このような出来事がありました。

一学期は元気に通学していたT君が、二学期になると姿が見えません。先生たちも毎日のようにT君に連絡を取っていましたが、登校してくれないのです。ある日、私はT君に電話をしました。「T君、学校とは関係のないことなんだけど、チューリップの球根を植える時期なので、球根の数が多くて、大変なんだ。手伝いに来てくれるかな」と誘うと、「はい、良いですよ」と、快く引き受けてくれました。

もともとT君は、学校では「植物博士」というニックネームの持ち主ということもあり、私としても頼み易かったのです。早速、日時を決め、受話器を置きました。ただ当日、本当に来てくれるかどうか実は心配で仕方がありませんでした。

しかし、約束の日、時間どおりに彼は姿を見せ、何ごともなかったかのように私の車に乗って、作業場に向かいました。車のなかでの会話は、余りありませんでした。彼は少し風邪気味であり、微熱がありました。薬は飲んでいたのですが、治り切ってはいませんでした。不登校については触れず、健康についての話をしているうちに、現場に到着しました。早々に手順や道具を準備し、チューリップの植え込みを開始しました。

作業をしながらの会話のなかで、彼の素晴らしい一面を垣間見たのです。何かの話の流れから「先生はハスの花が開花する時〝ぽん〟という音がすると思いますか？」と聞くので、「えっ、音はするのだろう」と言うと、「本当に？」とからかうように聞き返してきました。私は今まで音がするものと思っていたので、自信を持って「本当だよ」と言うと、「先生、その考えは江戸時代までの常識で、今の時代そんなことを言う人はいないよ」と言うのです。そこで、「何で、君はハスのことに詳しいんだ」と聞くと、T君は次のように話し始めました。

「僕はね、ハスの花を栽培して六年になるんだ。最初の何年間は、毎年苗を買っては枯らしてしまった。でも、ここ二年ほどは良く花がつき、やっと近所のお年寄りの人に『今年も見事に咲かせましたね』と褒められるようになったんです。ここに来るまで、随分と園芸の本や専門書を読んで研究しました。ハスの開花の音も、実際に確かめたくて、明け方の三時半頃起きてじっと待って観察しました。でも、専門書に書いてあったように は、音はしなかった……」

その話を聞いて、私はまたまたトンチンカンな質問をしてしまいました。「君が遅刻をした時は、そんな時なんだ」と聞くと、「先生、違うよ。ハスが開花するのは七月の二十八日頃だから、夏休み中だよ。そして、ハスの花は……」と、彼はハスに関する専門知識と観察結果を次々と説明してくれます。その知識は、観察に裏付けされた素晴らしいものでした。

こんなに素晴らしい研究心を持った子が、何故中学時代に不登校であったのかが、不思議でなりません。また、何故不登校の為にこの子に適した農業高校に進学することが出来なかったのかが、残念でなりません。私はこのT君と話したことによって、学ぶことの原点を知ったような気がします。

「学ぶことの目的が定かでなく学ぶことよりも、学ぶ目的が明確で、自らが学ぼうとする意欲が強いことが、本当の意味で、学ぶことが出来るのである」ということです。

多分、T君が専門書を読む場合、相当な語学力がなければ、読むことは出来なかったでしょう。植物の理論を知る理科の力も必要だった筈です。全てはハスについて知るための小さな疑問からのスタートでも、それは大きな総体的な学問に連なっていくものだと思います。ここに、学ぶことの原点があると思います。

進学の為に勉強を押しつけることが、本当の学ぶということなのでしょうか？

そうでない筈です。日常のなかで疑問が生じ、「このことを知りたい」と思うことが、学ぶことであると思います。ですから本校では、学生というレッテルを貼り、勉強をさせる発想はありません。自分のやりたいことを、優先させています。やりたいことをしていれば、必ず疑問が生じてきます。「その疑問について知りたい」、或いは「もっとうまくなりたい」という感情が湧いてこそ、初めて学びたいと思うのです。楽しくなるのです。

これが単に退屈そうに知識だけを授業で与えられていても、それは学んだことにはなりません。自ら興味を持ち、そして実行し、疑問が生じる。疑問に対し、その答えを知りたくなる。これが本当に、学ぶということです。

●学校に自分の居場所を作る

本校では子どもの服装、アクセサリー、化粧についてもうるさく言いません。飽く迄も自問自答させ、答えを出させます。その答えが良ければそれで良く、悪ければ自分でなおさせます。自分自身で決めさせているのです。強制はしません。ただ、周りの子どもに悪影響を及ぼしたり、不愉快にさせたりすることがあれば、注意をします。そして「自分さえ良ければ、それで良いのか」と、考えさせる指導をします。

また、不登校の子どもは暗い紫色や無機質な黒や白の色を好む傾向が強いので、服の色や部屋の色を明るい色に変えることをアドバイスします。似合わないと思っている服でも、恥ずかしがらずに着てみたら、案外似合うことが多いのです。すると、子どもに明るさが戻るのです。明るい服が、子どもの心に明かりを灯しているからでしょう。

学則はありますが、全てにおいて、学則に照らし合わせた指導は行いません。あくまでも、話し合いで解決します。話し合いが出来るまで時間が必要という子どもに対しては、その時間を与えます。話す時には、強制的な話し方はしません。それが、不登校がなおる一つの理由です。

不登校の子どもは、大人たちが思っている以上に、不安に陥っています。「自分は他人と同じことが出来ないのではないか」、「集団生活が出来ないのではないか」、「社会に出てうまくやっていけるだろうか」と常に不安に陥っています。

しかしその反面、この学校を通して、何とかしたいと思っているのも事実です。ですから軽い症状の子どもは、環境を変えてあげることで、容易になおることが出来るのです。つまり、以前不登校に陥った従来の学校にはないところを見せることによって、信頼をしてくれるのです。

不登校の子どものような、精神的に不安定を抱えている子どもを急激に変えることは、危険なことです。本人が自然と変わっていくように、見守りながら、必要な時に必要なアドバイスをするだけです。百人いれば、百通りの解決策を見つけ、実行していくだけです。その為には、まず、学校のなかに居場所を作ってあげることが、先決なのです。

もう一つ、本校の大きな特徴は、一年次、二年次にどうしても毎日学校に登校できない子どもには、自宅学習という形を取っています。自宅学習は学校のカリキュラムを押しつけるのではなく、本人が興味を持ち、やりたいと思うことをカリキュラムに組み、その子に合った独自のカリキュラムを作ります。症状の重い子どもは入学早々、直ぐには、登校できるようにはなりません。ですから、その子が興味を持っていることをカリキュラムに組むのです。今できることを、考えるのです。

子どもに合わせた学習の場を創ることは、大切なことです。学習の場は学校だけでなく、家庭や社会のなかにも創ることが出来ます。どこにでも、創ることが出来るのです。要は、温かく見守ってあげられる教育者がいれば良いのです。つまり国語や数学といったものを教えるだけが、学校の役割ではないということです。基本は、子どもを救い、自立させることです。それが本来ある学校の姿なのです。

今現在、学校教育の枠のなかでは、救えない子もいます。その子たちを枠の中に押し込めるのではなく、枠を広げ、救い上げてあげなければならないのです。本校は世間から見た時、学校らしくない学校かもしれません。しかし軽度の不登校の子どもに対して、本校のような環境を整えてあげれば、実際、学校に通い始めるようになります。他の学校になじめず中途退学した子ども、小中学校から不登校だった子どもは、その子どもに合わせたカリキュラムを組めば、ほぼ不登校はなおります。自分の意志に反する学校ではなく、自分の意志を尊重してくれる学校であれば、登校してくるものなのです。

本校の精神

●「生き物としての価値観」に、気づかせる

本校は、「公平な心」と「思いやる心」を、目標に掲げています。公平な心、思いやる心を子どもたちに身に付けさせる為にはどうしたら良いか、常に考えています。

また、今ある人間社会の価値観やルールだけに頼って生きていて良いのかどうかと、常に考えています。多くの悩みや失望は、今ある人間社会の価値観、ルールから生まれているものだからです。

多くの人たちは、人間社会の価値観やルールに、疑問を感じたことがあると思います。しかしそれに流されて、自らを納得させながら、生きているのではないかと思います。既に多くの人たちは無意識のなかに、人間社会の価値観だけを受け入れ、生活をしているのでしょう。だからこそ、今の社会が形成されているのだと思います。ただ、人間社会の価値観やルールに染まりきっていない子どもたちは、その価値観のなかで、苦しみ、もがき、矛盾や失望に耐えているのです。

本校に入学してくる子どもたちは、親や社会のルールに適応することが正解ではないと、何らかの形で少しでも気付いた子たちなのです。ただ、まだ未熟なのでその問題に対して、どのように対応したら良いのか、わ

からないのです。

私は、子どもたちが抱えるそうした問題を取り除くにはどうしたら良いかと考えた結果、本当に今ある人間社会の価値観やルールだけで生きていくことが必要なものかどうかと、ますます疑問が生じてきたのです。そして、その人間社会のルールの為に、多くの子どもたちが悩み苦しむのであれば、違った価値観を見せてあげれば良いと思ったのです。そこで、本来人間や他の生き物に備わっている、「生き物としての価値観」を、子どもたちに気付いてもらおうと思ったのです。

生き物には、動物だけではなく植物も含みます。生命があるもの、全てを含みます。人間以外の生き物は、必要以上に他の生き物を傷つけません。人間は支配をもくろみ、他の生き物は共存を願います。そこに公平な心、思いやる心の原点があると考えたのです。ですから、生き物としての価値観を見せることにより、今ある社会の価値観が、如何にいい加減なものか、影響を受けなくても良いものか、また影響を受けなくても、しっかり生きていけるということを教えてあげることが出来ると思いました。

生き物としての価値観を身に付けるには、自然のなかにいることが一番効果的です。人間も自然の一部だということを知らなければ、生き物としての価値観は身に付けることはできません。ですから、生き物の価値観を得るために、五感に触れる授業を柱にしています。

本校では授業の一環として、オリジナル植物図鑑を作らせます。当然強制はしませんが、できるだけ多くの子どもたちに、自然のなかに行ってもらっています。この植物図鑑は、入学と同時に始めてもらい、卒業するまでに完成させます。

何故植物図鑑を作らせるのかといえば、何故そこに植物が育っているのかを、じかに見てもらいたいからです。そこから、自然がいかに順応、共存しているかを、知ってもらいたいからです。太陽の光、日陰の度合、周りの環境、雰囲気、空気、匂い、土の固さ、種類など五感を使い、植物がそこに育っている意味を感じとってもらいたいのです。

植物と向き合うことにより、五感を広げることが出来ます。植物は様々な形をしていますが、生息している場所ごとに形が違うのは、あらゆる自然に対し、順応する為です。植物、昆虫は理由なくして、決してその姿をしてはいません。あらゆる自然で生きていく為の、知恵の結晶なのです。その植物を見続けることにより、生き物としての生き方を感じとってもらいたいのです。

子どもたちは日を追うごとに、感じることが出来るようになります。三年間という長いスパンで、「自分は、植物と同じ生き物なのだ」ということを知らず知らずのうちに体験させてゆく授業が、植物図鑑を作ることなのです。

また、次のような考えもあり、他にも自然を体験させる授業を行っています。

自然を包む地球と人の体の比率は、ほぼ同じだと言われます。地球の海の割合、つまり水分の割合は約七十パーセントです。地球上には、様々な生物が生きています。そのなかで植物たちは地球と共存し、豊かな世界を創っています。

人間の身体の水分の割合も、約七十パーセントと言われています。人間の体内にも、様々な細菌が生きています。そして人間の創造的広がりは、宇宙の広がりに匹敵すると言われています。

そう考えると、人の体は地球であり、創造することが宇宙となります。そして、生きる為には、自然が必要なものと考えることが出来ます。自然のバランスやリズム、流れをつかめるようになると、不思議なことに、自分自身の精神と肉体のバランスが崩れているか否かを判断出来るようになるのです。ですから、自然を知ることが大切なのです。そういう意味でも、不登校の子が陥りやすい、精神と肉体のアンバランスを自ら感じ、なおすことが出来るようにする、狙いもあるのです。

さらに一層この感覚に磨きをかける授業が、目隠しをして自然のなかを歩く授業です。時間にして、一時間から二時間ほどです。まず子どもたちにアイマスクをさせ、一メートル程の棒を持たせます。それぞれ棒の先端を持たせ、一列に繋がらせ、並ばせます。そして、自然のなかを歩かせます。

最初は、歩行スピードも遅く、おしゃべりをしながら歩いています。何故なら、視界を閉ざされることによって、不安や恐怖が芽生えてくるからです。恐怖で歩けない子もいます。当然のことです。しかし、二度、三度と続けているうちに、まず、おしゃべりがなくなります。そして四、五度目になると、歩行スピードが速くなるのです。普通の人が目を開けて歩行するスピードより、ずっと速いと思います。

その理由は、恐怖心の消失です。なぜ恐怖心が消失するのかと言えば、様々な情報が得られるからです。最初は、普段から情報源を得る為に使っている視覚が閉ざされることによって恐怖に慄き、不安で足がすくんでしまいます。この時、頭のなかは、パニック状態に近いものがあります。

ただ三度目、四度目になると、視覚に頼ることを止めて、他の五感を使い始めます。その時、日影に入った感触を、肌で感じ取ります。また、木の匂いを嗅ぎ分け、障害物である大木をよけようとします。つまり視覚から入る情報と同等、いやそれ以上の情報が他の五感を通して入ってくることにより、恐怖心が消えて、歩行スピードが速くなるのです。

おしゃべりが減る原理も、同じです。五感を通して様々な情報が入ってくる結果、それを分析し構成するために脳の活動が、普段生活している以上に活発になります。普段使い慣れていない五感から、情報が入ってくる為です。そうなることによって、おしゃべりする暇がなくなるのだと思います。

その時、普段聴けないような音が、耳を澄ませば聴こえてきます。聴覚に限らず嗅覚、触覚などにも、同様の現象が起こります。さらにその音の根源を探ると、その情景が目を閉じているにもかかわらず、見ることが出来るのです。これこそが、見えない物を感じ取り、子どもたちを不安のなかから救い、成長させる為の効果的な手段なのです。

この授業を小、中学校の先生たちにも教えています。最近、小、中学校には、総合学習というものがあり、現場で教える先生たちは、何を教えて良いのか、悩んでいるのだそうです。そこで、私が考え出したこの方法を教えています。

いずれ慣れてくれば、子どもたちに持たせている棒の代わりに、紐を持たせようと考えています。紐は棒より強度が落ちる為、指先の感覚で、前にいる人の行動を察知できなくなります。するとまた不安になり、足がすくむかもしれません。ただこのハードルを乗り越えることが出来れば、さらに奥にある、見えないものを感じることが出来るでしょう。最終的には何も物を持たずにアイマスクをして、普通に歩けるようになるのが理想です。荒唐無稽な話と思われるかもしれません。しかし私は、可能なことだと思っています。何故なら目が見えない人は、普通に歩行しているからです。

例えば、目の見えない人に壁に向かって歩いてもらい、ぶつかる前に、止まってもらうよう頼んだとします。すると、目の見えない人は、壁があることを他の五感で察知し、壁ぎりぎりのところで止まることが出来ます。逆に目が見える人がアイマスクをし、壁に向かって歩いてもらうと、ほとんどの人が、壁の相当手前で止まるか、壁にぶつかってしまいます。つまり訓練次第では、可能性があるということです。

目に見えないものを見ることが、生き物としての価値観を感じさせてくれます。ですから、まず自然に触れることによって、生き物としての価値観を教えます。そして生き物の価値観を知っていれば、人間社会においても楽しく生きていけることを教えます。さらにそれを体験させるのです。そのことを念頭において、授業を進めています。

行き着くところは、人間社会の価値観、ルールはあまり必要ではないということです。人間社会の価値観の他に、生き物の価値観を持っていれば、立派に生きていけます。持たなければ、社会に振り回され、自分の送りたい人生を送ることが出来なくなるでしょう。そういう人が、世の中に大勢いませんか?

両方の価値観を知っていれば、物事を判断する力が付き、子どもたちは、最良の人生を送ることが出来ると確信しています。

●自然から学び成長した子

中学二年生の頃不登校になり、入学してきた女の子がいました。この子は授業で戦争の話をすれば泣き、友だちがケンカをしている場面を見れば泣くという、よく泣く子でした。

本校の近くに樹齢何百年という大きなこぶしの木があり、その子はその大きな木を約半年間かけて、七十号程ある大きなキャンバスに油絵を描き始めました。毎日のようにこぶしの木の前でスケッチをしては、教室に戻り、油絵にして仕上げていました。

ある時、本校の近くで道路の区画整理があり、何とその木が切り倒されてしまったのです。その話を聞いた時、その子は泣き出してしまいました。ただめげずに、学校には登校してきました。しかし授業に出席していても、ずっと泣きっぱなしなのです。それが三日間続きました。とうとう、先生たちは対応できなくなり、私のところにその子を連れてきました。

私はその時その子に、次のように話しました。

「木が切られたことで、ただ悲しんでいるだけで良いのか。君は自分の悲しみを、発散するだけで済まそうとしている。私は、それは間違った考えであると思う。君は、その木が切られたことで悲しみの感情が生まれてきたならば、君は人間でありながらその木とコミュニケーションをとっていたのだと思う。コミュニケーションをとっていなければ、君はそこまで悲しくなることはない筈。

何度も言うが、君は知らず知らずのうちに、その木とコミュニケーションをとっていたのだよ。つまり、その木から君は生き物としての生き方、自らの生命を落とすことによって生きることの大切さ、命の灯火《ともしび》が消える意味を教えてもらったのだ。その教えてもらったことに対して、君は悲しみを発散するだけでいいのかい? そうではない筈だ。君は今までどのような人と出会ってきたかは、わからない。しかし命の尊さを教えてくれたのは、あの大きな木の筈だ。だから、今日からあの大きな木は君の先生だ。あの大きな木の先生に、感謝の気持ちを持ちなさい。同情することも必要だが、生き物の運命も受け入れることのほうが、もっと必要なのだ」

この子は、私の言葉を噛み締めていました。身近な人の死を目の当たりにすると、どんな形であれ、自分の心のなかが劇的に変化すると思います。この子は、とても大切な大きなこぶしの木の死を本当に受け入れた時、生き物としての価値観をこの大きなこぶしの木から教えてもらったのです。

今ある人間社会の価値観ルールから見れば、この子は変わっていると思います。しかし私から言わせると、世間のほうが変わっていると思うのです。多くの大人たちは、今ある社会のルールで生きています。ただこの子は、人間社会の価値観やルールと、生き物の価値観、両方の価値観を持ち、生きているのです。我々に生命がある以上、根源である生き物の生き方を無視は出来ないと思います。

私は子どもたちに、人間社会の価値観と生き物としての価値観の両方を持ち合わせて、人生を送ってもらいたいと思っています。自然科学であれ哲学であれ、突き詰めていけばいくほど、生き物としての価値観に到達します。先端にいる優れた学者は、そのことを知っています。知識のない人も感性を使い、そのことがわかります。一番わからない人は、中途半端な知識を持っている人たちです。この社会では、中途半端な知識を持っている人が、多すぎます。本校が行っていることを体験したならば、生き物としての価値観を身に付けることができる筈です。

子どもや親が本校に受ける印象

最初に本校の印象を聞くと、殆どの親や子どもたちは、「学校らしくない学校」と言います。今までの学校の先生と明らかに違うからだそうです。それは先生の服装、学校を案内する時の態度、言葉遣いなどの所為でしょう。それともう一つ、学校らしくない学校と言われる理由には、独自のカリキュラムがあるからだと思います。子どもがやりたいことを学校に提案できるからでしょう。

学校見学に来た子どもは、この学校であれば、何でも好きなことが出来ると印象を受ける子が殆どです。保護者は、他校と違う、良い意味での摑み所のない、学校らしくない学校という印象を受けます。先生や授業内容、学校の雰囲気、全てにおいて、学校らしくない学校と思ってくれるのです。

また在校生から受ける印象も良いようです。在校生は不登校の経験者たちです。ですから、同じ経験の持ち主だということもあり、お互いすぐにフィーリングが合うのでしょう。在校生は、今後入学してくる子どもに対して気さくに声を掛け、笑顔で接しています。下手をすると、学校案内まで在校生がしてくれます。それは、自分が不登校の経験をしたことで、これから入学してくる不安を感じている子どもに対して、何とかしてあげたいという気持ちの表れなのです。

親は、本校が学校らしくないということもあり、当初は不安を覚えます。しかし本校を何度か訪ねることで、今まで経験したことのない、感じたことのないものを感じ取り、この学校であれば、子どもが今までと違うことを学べるかもしれない、友達が出来るかもしれない、今までと違った人生を歩めるかもしれないと可能性を感じ取ってくれるのです。最終的に見学を終えた後、この学校に預ければ安心であり、子どもを何とかしてくれると親は感じ取ってくれるのです。おおむね学校に訪ねて来てくれさえすれば、良い印象は持っていただけると思います。

子どもが不登校になる理由は家族の問題、学校の問題、人間関係と様々です。その問題を突き詰めていくと、問題の本質が見えます。その本質とは、殆どと言っていいほど、不安や不信感です。あるいは孤独感です。不安や不信感が増大すると、不登校になってしまうのです。

本校はホームページを開いていますが、不登校の子どもを持つ親からたくさんのメールを頂きます。本当にたくさんの人が、不登校の子どもを持ち、多くの悩みや問題を抱えています。本当に困っている親御さんからは、週に一度切実なメールが届きます。

私は出来るだけ返事を書いています。全ての人に返事を書くのは大変なことです。しかし、切羽詰り困っている人に対して、自分の都合で返事を書かないということはしません。そういう日常の積み重ねが、不登校の子をなくすことに繋がるからです。信頼を得ることに、繋がるからです。不登校の子どもたちは、本当に様々な症状を抱えています。

第三章　不登校の子どもたちへの対応実践例

体調のすぐれない子どもへの対応

不登校であり、体調がすぐれない子どもに対しては、時間を掛けてゆっくりなおすようにします。まず不登校をなおす第一段階を、通学や学力の向上に繋げません。その子どもの健康状態を治すことが、先決だからです。

本校では、独特な方法をとっています。必ず朝、太陽の光を浴びさせるようにしています。太陽の光を浴びることを、創立当初から本校では取り上げてきましたが、実際効果があることが、松下電器その他各大学機関でも実証されています。どのような効果があるのかといえば、太陽の光を浴びることによって、体内時計を正常にし、体の状態を良くするということなのです。

私は五感に対する関心が強く、生き物としての価値観で判断した結果、午前中に太陽の光を浴びることが、体に良いことを知っていました。ですから、子どもたちには夜眠ることが出来なくても、必ず太陽の光だけは浴びなさいと言っています。また、夜、読書やパソコンなどを一度止め、電気を全て消して、暗闇のなかでじっとしてみなさいと言います。体調のすぐれない子どもは視覚だけに頼りすぎ、五感をバラバラに使っている子が多いからです。不健全な状態は視覚を閉ざします。五感をバランスよく使うことによって、精神の安らぎと生き物としての価値観を再確認することが出来るのです。

基本は、体のバランスを崩している子どもに対して、急激な変化を求めないことです。ある程度の日数を重ねて少しずつ改善していくのが、重要なことです。意識を変えても、体がついてこないからです。改善し順応させていくためには、二、三週間を一つのスタンスと考えています。つまり習慣をつけさせることです。

例えば、月曜日から土曜日まで働いていた人がいたとします。月曜日から土曜日はたとえ嫌な仕事でも、食べていく為には、働かなくてはなりません。すると日曜日が、その人の自由な時間となります。自分の好きなことが出来る時間です。例えば映画を見に行くことが好きだとしたら、日曜日の目的は、映画鑑賞になります。

しかし不登校の子どもは、月曜日から日曜日までの全ての曜日において、フリーなのです。目的なく、日々を過ごしているのです。そういう子どもに対しては、朝起きる時間、昼食の時間など、何でも良い、一日のなかで一つか二つ、やらなければいけない約束事を作るのです。何かをやらなければならない習慣を、付けさせるのです。

すると最初は意識上で物事を判断し、行動します。しかし時間が経つにつれ、習慣となってきます。意識ではなく、体で生活のリズムを覚えていくようになるのです。その積み重ねが、不登校をなおすことにとても必要なことなのです。

次は曜日ごとに一つ約束事を作ります。例えば月曜日は、図書館に通う日にする。火曜日は自然のなかで過ごすというようにと、一日のなかで、一つか二つの目標を作ることによって、習慣化され、格段に体調も良くなっていきます。最初の時点から、朝から晩までぎっしりスケジュールを組んで、その通りにさせようと思っても、それは出来ません。かえって、悪化させてしまいます。出来るのであれば、最初から不登校などになってはいません。

根気よく習慣付けていくことが、大切なことです。月曜日から土曜日まで習慣化すると、好きなことが出来る日曜日が、好きなことをする目的の曜日となります。そして一週間を通して、習慣付けることが出来るのです。また、月曜日から土曜日に制限があるからこそ、日曜日が楽しくなります。嫌なことが多い不登校の子どもに、楽しさを味わわせることが出来るのです。

そして習慣化されたところで、週に一度でも良いので、学校に登校させる曜日を作るのです。その時、無理強いしてはいけません。「別に授業を受けなくても良いから」、「何時に登校しても良いから」と言って、負担を軽くさせ、学校に登校することを目的とさせるのです。それが出来るようになったからといって、直ぐに毎日登校することを勧めてはなりません。子どものペースに合わせ、習慣付けていくことです。まずは週一度、学校に登校できるように習慣付けていくことが、大切です。

体調が悪くても、意識は学校に登校したい子どもたち

意識では、学校に登校したくても、体がついていかない子どももいます。こういう子どもも、生活のリズムが昼夜逆転しています。昼夜逆転していることで、交感神経と副交感神経のバランスが崩れています。意識で

は、学校に登校しなければいけないと思う反面、体がついてきません。不登校の子どもに、よくあるケースです。

学校に登校する為に、夜眠ろうとします。しかし、昼夜逆転している為、なかなか夜、眠ることが出来ません。夜、眠れないことによって、明け方、眠くなります。しかし、寝てしまうと学校に登校することが出来ないので、眠らずに学校に登校してくるのです。すると意識は起きていますが、体そのものは、眠っている状態です。基礎体温が、眠っている状態と同じ三十四度ほどまで下がっているのです。その状態を三日も続ければ、当然体はもちません。すると子どもは、「自分はダメな子だ」とまた思い始めてしまうのです。

そういう子どもは体がついてくるようになっても、時間が経つにつれて、意識の高い要求についてこられないようになります。ですから、まず意識の要求を、下げることから始めます。こういう子どもは、完璧主義者に近いところがあります。いい加減に済ませることに、納得がいきません。したがって、体のバランスをとることが如何に重要なのかをまず訴えて、納得させます。そして完璧主義だからこそ、体のバランスがとれないのであるということを説明して、多少のいい加減さを容認させます。それから、体のバランスをとっていくようにします。

まず子どもの様子を見て、体調のすぐれない子に対しては、学校を休ませるようにしています。無理をして学校に登校して、体調を悪化させ、長期的に休んでしまっては意味がありません。ですから「がんばることは良いことだが、無理をしてがんばることには大きなリスクを背負うことになるので、無理をせずに、がんばりなさい」と言い、休ませます。それから、午前中に太陽の光を浴びさせることや習慣化させることなどを身につけさせていきます。

その他の方法としては、合宿を行っています。学校の施設内で学校がある程度管理しながら、生活のリズムを取り戻せるよう改善を図っていきます。五感のバランスをとることにより、体の改善を図っていくことを重点に置いています。ですから、テレビやパソコンといった視覚に訴えるものは、置かないようにしています。

就寝時間、食事の時間なども、学校側で決めています。朝、起きることが出来ない子どもに対しては、こちら側から迎えに行くようにしています。合宿をすることで、大きな成果を見込めています。

体のバランスをとる為には、多くの時間も必要です。バランスをとるということは、精神と体の状態が兼ね合って、初めて可能になるのです。ですから、例えば風邪をひき、体力が落ちこむことにより、「自分はダメな人間なのだ」と、精神的に落ち込むことも、不登校の子どもには、よくあることなのです。逆に体が絶好調であっても、意識の落ち込みがあれば、体のバランスを崩してしまいます。

精神と体のバランスを安定させていく為には、幾つもの谷と山があります。波があるのです。安定させていく為には、多くの時間が掛かります。個々で、体なら体だけを安定させていくのであれば、比較的短時間でおせます。しかし精神と体のバランスをとるには、幾つもの難関があるのです。波が安定したからといって、安心をすることが一番危険なのです。谷や山は、いつ来るかわからないのです。

その時の対応は、とても重要です。万が一対応を間違ってしまえば、さらに不安定となるからです。

例えば、自分の子どもが三ヶ月間続けて学校に通えるようになったとします。その時、あなたは当然「もう大丈夫だ」と思う筈です。しかし、ここが一番危険なところなのです。不登校だった子どもが三ヶ月間学校に通うことは、あなたが考えているより、精神的にも肉体的にも大きな負担を負っているのです。長年不登校だった子どもが三ヶ月間がんばって学校に登校することで、周りに対する精神的な負担、自分に対する不安、通学での肉体的負担など、相当な不安や負担を負っているのです。ですから、安心してはいけません。

親は学校へ通って欲しいと思っていた子どもが通い始めると、すぐに次の目標である、勉強が出来る子どもになって欲しいと思うのです。しかし何度も言いますが、そこが一番危険なところなのです。子どもの疲労は、ピークに達しています。「うちの子はもう大丈夫」と、それ以上のものを、今すぐ求めてはダメなのです。

ですから本校はその時期が来ると細心の注意を払って、学校を休ませます。そしてうまくその時点をクリアすることが出来れば、完全に不登校をなおすことが出来る、一歩に近づくのです。

症状の重い子どもへの対応

症状の重い子どもは、様々な条件が重なり合って不登校になります。不登校の子は誰一人として同じ要因で、不登校になっているのではありません。ただ、症状の重い子どもは、家族のなかで孤立していることが圧倒的に多いのです。例えば社会や学校、友達、人間関係などで孤立しても、家族のなかに居場所があれば、重い症状にはなりません。多くの親は、家族のなかで孤立することが、子どもにとってどれほど不安で恐ろしく、孤独なものか、わかってはいません。唯一自分を守り、理解してくれる家族から孤立することは、想像を絶する孤独感です。

そういう症状の重い子どもは、自分の部屋に閉じこもります。つまり引きこもりです。また、家のなかに居場所を見つけられない子どもは、家出をします。家族のなかで孤立することによって、自分は家族に必要とされる人間ではないと思うようになります。そして自分の必要性を感じなくなり、存在意義を自覚出来なくなります。すると自暴自棄になったり、自信を喪失したりします。さらにエスカレートすると、自殺未遂や自傷行為が見られるようになります。ほとんどの親はこの時点で、子どもを精神科に連れて行きます。そして、子どもは精神安定剤を常用するようになります。

こういう子をなおすには、その子が求めている人物を演じることです。しかも二十四時間態勢で、対応することです。これは、その子どもの内面を感じ取れなければ出来ないことです。何故ならば、その子どもが必要とする人物を推定しなければならないからです。不信感を持っている子どもに、本音を聞くことは出来ません。その子の内面を感じ取り、その子どもに必要な人物を演じるということは難しいことだと感じるかもしれません。しかし、その子どもが必要とする人物を演じることが、症状をなおす第一条件なのです。

症状の重い子どもと会話をする時、その子が必要とする言葉は何かを感じ取ってあげ、投げかけてあげることです。すると子どもは、「何故この人は、自分が思っていることを言うのだろう」「何故この人は、誰にも認められなかった自分の考えを認めるのだろう」と思い始めます。そして信頼関係が生まれます。

何故親でもない赤の他人の私が、その子たちに対応が出来るかといえば、十八年間不登校の子に携わってきたなかで、この子たちは「何を求めているのか」、「何をして欲しいのか」を真剣に考えて付き合い、子どもたちから身に付けさせてもらったからです。ですから、今では不登校である子の一人一人の内面が、大体わかるようになりました。

第二条件は「関わるならば、最後まで関われ」です。関わることが出来ないのであれば、最初から関わらないほうがいいと思います。もちろん二十四時間態勢です。

第三の条件は、中途半端な知識や意識で対応しないということです。下手をすれば、死に追いやる危険性があるからです。そこで本校では、重い症状の子に対しては、多くの経験を積んだ先生にしか任せません。カウンセラーであっても、知識や学問に比重を置く人には任せません。

私は常々思っているのですが、カウンセラーという仕事は命に関わる仕事なので、知識や学問を身に付けたということだけで、資格を与えてはいけないのです。

本校は様々な経験を積んだ人が、細心の注意を払って対応をしています。とにかく最低の条件として、内面を見ることが出来、一人一人の子どもに合わせることが出来ること。自分の時間の全てを、その子に捧げることが出来ることです。勤務時間のなかだけで対応するのではなく、子どもが自分を必要とするならば、自分の都合を蔑《ないがし》ろにしてでも子どもの為に尽くす覚悟があるかが、大事です。その覚悟がなければ、関わらないほうがいいでしょう。

ですから症状の重い子を、大勢預かることは出来ません。一人の人間が見ることが出来る子どもの数は、多くて四、五人です。それが限界の人数なのです。

信頼関係を築く方法

信頼関係をつくる為には、まず全面的に子どもを信じることです。信じることに理屈はいりません。全てを信じるのです。心の底から共感してあげることです。

以前、匿名で相談を受けたことがあります。二人の子どもを持つ母親からの相談でした。子どもは二人共、女の子でした。相談というのは、長女が暴走族に入ったことによって、家族の和が乱れ、どうしたら良いかという内容でした。

長女は既に、中学三年生で暴走族に入っていました。母親は、外で遊ばせることが危険だと思い、家のなかで遊ばせるようにしていました。毎日のように、暴走族の仲間が家に入り浸るようになります。それに対して妹が拒否反応を示し、姉と妹が対立するようになりました。家族崩壊の危機となり、相談に訪れたのです。

私はその母親に対して、全面的に長女を信頼するようにと言いました。「たとえ自分の子どもが人殺しをしたとしても」と、付け加えました。何故なら最終的に子どもを守ることが出来るのは、親しかいないからです。

また、全面的に子どもを信頼して接することと、「うちの子は暴走族に入り、どうしようもない子だ」と思って接することとでは、子どもからの信頼を得られる度合が違うことも話しました。最後に、「子どもが暴走族に入る理由は、その子が成長するために必要なことだと考えれば、すべてを受け入れることが出来る。また、そういう決意を持って接することが出来れば、子どもは親のことを無視できない」とアドバイスをしました。その母親は、真摯に受け止めていたようでした。

本当に人と言うのは、真剣に信じられると、何も出来ない生き物なのです。大人の世界でよくあることです。例えば、ある会社に営業所が幾つかあったとします。ある営業所長は、自分の部下に対して、常にサボっているのではないかという疑問を持ち、接していました。逆に、ある営業所長は、全面的に部下を信頼していました。どちらの営業所長についている部下が、悪さをすることが出来るでしょう?

当然、疑われている部下のほうです。疑われている部下は、「私は真面目に営業をしているのに、どうしていつも疑われるのだろう。どっちみち、疑われているのであれば、サボってしまおう」という心境になっているのです。逆に全面的に信頼を置かれている部下は、よほどの勇気がない限り、期待を裏切ることは出来ません。人には良心があるからです。たとえ裏切ったとしても、全面的に信頼を置かれては、良心の呵責にさいなまれます。逃げられなくなります。無視出来なくなります。

子どもを全面的に信じるということは、それと同じことなのです。つまり親は最初から理屈抜きに子どもを信じることが、大切なのです。世間体など気にする必要がないのです。子どもの良い部分だけを信じることには、抵抗感がないと思います。

では、良いところと悪いところの両方を、理屈をつけずに信じることはどうでしょう？

自分にとって、都合が良いから信じる、裏切らないから信じる、期待に応えてくれるから信じる、といったことはよくあることです。しかし、私はそれは間違っている考えだと思います。信じることには、理屈などなく、簡単に言うと、ただ信じるだけです。そこで裏切られようが、応えてくれなかろうが、関係ないのです。自分が主体で、相手を信じるのです。信じる側に少しでも偽りの信念があったならば、直ぐ相手に見透かされてしまいます。

以前子どもから、「自分にとって悪い部分は、不必要なものか」と質問されたことがあります。私の答えはこうです。人間に限らず物でも、善なる物もあれば、悪なる物もあります。表もあれば、裏もあります。それと同じように、信じられるものと信じられないもの、両方が必要なのです。たとえだらしない部分を見ても、勤勉な部分もあれば、それは人間としては、許される範囲でしょう。人間には、両面性も必要なのです。

一般的には、善の部分だけを信じたいと思うのが、人の心です。しかしそれでは、本当に人を信じたことにはなりません。その子どもは自分の悪い部分は信じてもらえる対象だと考えず、その結果、自分は信じてもらえない人間だと思い込んでいました。しかし、そうではありません。良い部分も悪い部分も、信じる対象なのです。良い部分と悪い部分が共存してこそ、人間なのです。そのように考えると、信じることに理屈は要らなくなります。信じる時は、全てを信じるのです。信じることに、条件は要りません。信じることは、相手の全てを受け入れることなのです。

信じることは二十四時間態勢だと、先ほども述べましたが、以前このようなことがありました。カウンセリングをしている女の子から、夜中の三時頃電話がありました。その子は地方から出てきて、マンションで一人暮らしをしていました。その子が突然、「夜中に一人でいるのが不安、不安で死ぬかもしれない」と電話を掛けてきたのです。ですから私は、女房にそのことを話して、こういう子がいるからその子の所に行ってくると言って出掛けました。

一般的に考えれば、家族がいるのに、真夜中、カウンセリングをしている子とはいえ、その子の家を訪ねるといったことは常識外のことでしょう。ましてその子が女の子であれば、世間体から見ても夜中に訪ねるということは、誤解を生じても仕方がないことだと思います。しかし、もしその時、その子の家を訪ねず、彼女が死んでしまうようなことになるならば、世間体など気にするでしょうか?

そうではないはずです。私はその女の子のマンションを訪ねました。さすがに部屋のなかにまでは入らず、事務所に連れて行き、話をしました。本当は話をした後、家に帰そうと思っていたのですが、その子は帰る素振りを見せず、私に、「自分の家族と同じくらい、私が大切?」と聞いてきたのです。その時私は、「同じくらい大切にしている」と言いました。実際そのように思っていたからです。自分の子どもと同じように、この子の命を救い、この子の人生を創っていかなければならないと思っていたのです。

するとその子は「家族と一緒と言ったね」と言い、朝まで一緒にいてくれと言うのです。その子の部屋でもなく、ベッドのない事務所ですが、公立の先生が現在行っているカウンセリングであれば、ここまで立ち入ったことは出来ないでしょう。もし、このようなことをしてしまったならば、世間から非難を浴びることは必至です。しかし、私はそこまで立ち入りました。何故なら、その子を信じて、全てを受け入れなければ、その子を救うことが出来ないからです。

私は世間から嫌われても、何と言われても良い。この子を救うことが、一番大切だと思っていたのです。世間というものがどのように流れていても、その子を信じることが最優先です。その結果、自分がどうなっても、仕方がないと思っていたのです。世間体よりも、この子を信じてあげること、共感してあげることで、この子を救うことが出来たのです。

また、ある子どもに、このようなことを言われたことがあります。「先生バカだよね。何でこんな私を信じるの?」と。

私はそのように言われるようになるまで、子どもを信じることが必要だと思います。そこまで言われないということは、相手から真剣に信じてもらえていないことの表れです。本人を超えて、信じる。本人が信じていないことまで、信じる。ここまで信じられてしまうと、本人は逃げられなくなります。そこまで信じてあげられるようになることが、必要なのです。

不登校の子どもを持つ親は、そこまで子どもを信じてあげていないように思います。信じる度合が、浅いような気がします。「良くても悪くても、どっちでもいいよ。どちらでも信じるから」と、そのくらいのことが言えるような、覚悟が必要だと思います。本人を超えて信じることによって、「この人であれば、少しくらい信じても良いのかな」と思ってくれるのです。その内面の裏返しが、「先生バカだよね。何でこんな私を信じるの？」になるのです。言ってみると、その子がギブアップした瞬間です。自分の内面の全てを信じてくれる人が現れた瞬間なのです。こうして、信頼関係が生まれるのです。

内面を見る方法

相手のことを真剣に考えることが出来れば、相手の内面を見ることが出来ます。例えば、「愛する夫が浮気をしているのではないか？」という悪い予感は、当たることが多いかもしれません。また、日常生活においても、一度や二度は、大切な人の考えていることが、明確に読み取れる時があるでしょう。内面を見るということは、そういうことなのです。

子どものことを何とかしてあげなければ、理解しなければいけないという思いが、強ければ強いほど、子どもの内面が見えてきます。親が真剣に子どものことを考えていれば、心の表情を見ることは、さほど難しいことではありません。しかし、頭ごなしに子どもは子どもだからと決めつけ、親という立場から子どもを見下ろしてしまうと、子どもの内面を見ることは出来ません。「親はうるさいことしか言わない」と、子どもに思われてしまっては、元も子もありません。そうならない為にも、子どもに対しては、一人の人間として向き合うことです。一人の人間として、子どもの気持ちを感じてあげることが大切なのです。

時期を見る方法

例えば、「なおしてあげたい、変えてあげたい」という先生がいますが、その発想は間違っています。変わるのは、子どもたちなのです。子どもたち自身が変わらなければ、変わったことにはなりません。先生たち自身が、子どもたちを変化させるのではありません。

結局、子どもが変わりたいと思った時が、変わることが出来る時期なのです。変わる、変わらないは、本人次第です。我々はその時期を待ち、アドバイスをするだけです。

子どものことをずっと見つめ、真剣に「不登校をなおすためのお手伝いをしたい」と思っていることによって、子どもの微妙な心境の変化を感じて、アドバイスをする時期がわかるようになるのです。

本人が親や社会、学校に不信感や不安感を持っており、勇気がなく一歩踏み出せない時には、周囲がどんなに変わるお手伝いをしようと思っても、本人は変わりません。逆に本人の意志が変わろうとしていない時に、変えるお手伝いをしても、反感を食らうことは必至です。かえって、症状を悪化させてしまう危険性があります。信頼関係も崩れてしまいます。

その時期を選定するのに、慎重を期します。子どもが変わる為には、日常のなかで様々な問題を乗り越え、信頼を積み重ねていかなくてはなりません。

例えば、久々に学校に登校してきた時、褒めてあげるのか、あいさつだけをして、そっとしてあげるのかは、その子の内面を見て、判断します。そっとして欲しい子に対して、「よく来たな」と褒めてあげても、逆効果です。子どもの心の動きをよく見て、その子のことをどれだけ真剣に考えて接するかの度合によって、変わることが出来る時期が早く来たり、遅く来たりするのです。

真剣に子どものことを考えていれば、心の動きを見ることは容易な筈です。とにかく、子どもの内面を見て、変わりたいという合図が出た時に、適切なアドバイスをしてあげることが大切です。

自立させる方法

信頼関係が出来ると、子ども自身が「このままではいけない」、「生きていく為に自立しなければならない」と思う時期が必ずあります。その時に、今の社会の現状や生き物の価値観を通して、アドバイスしていくのです。すると、少しずつではありますが、変わっていきます。

しかし若い時は頭でわかっていても、経験が伴いません。その部分が不安に変化します。三十代や四十代の人であれば、経験を通して良い考えか悪い考えかは別としても、自分の考えや思想が固まってきます。ところが子どもは、社会に出ることに不安や恐怖を覚えてしまうのです。その不安や恐怖の部分が、他人に依存する体質を作り上げます。その依存体質を少しずつ改善することにより、子どもは自立出来るようになってくるのです。

自立させる為にまず大切なことは、本人が自ら気付いたように仕向けることです。本人の決断によって、自ら変わったように思わせることです。それを何度も繰り返していくことによって、自立していきます。最初は不安や悩みの多さに耐えられず、依存しています。しかし時期を見て改善していくことにより、自らの考えや持論を持ち、強さが出てきます。

しかし強くなっていけばいくほど、アドバイスを聞かなくなっていきます。持論で行動し始めます。そして持論で行動することによって、壁にぶつかり、また依存体質になるのです。依存体質の時は、素直にアドバイスを聞きます。しかし、また自信がつくと、独り善《よ》がりになってしまうのです。この繰り返しです。繰り返すことにより、本当の自立心が芽生えてきます。

この時に、子どもに対して「今はわからないかもしれないが、何年かしたら、絶対わかるようになるよ」と言ってはいけません。何故ならば、子どもはこの言葉を一番嫌うからです。この言葉に含まれた意味は真実なのですが、子どもたちには、一番聞きたくない言葉なのです。今の時点で認めたくないことだからこそ、認めてはいないという自負があるからです。私はこの言葉を発して、何度か失敗した経験があります。すると、一からやり直しです。それ程、発してはいけない言葉なのです。

本校の場合、三年間と区切られた期間で、子どもたちを自立させなければなりません。ゆっくり時間をかけ、依存体質をなくすことが出来れば、それが一番良い方法でしょう。しかし、学校教育の時間は限られています。そこで本校では、次のような方法を取り、自立させるよう努めています。

それは、依存する時間を故意に少なくし、自立している時間を増やすという方法です。つまり依存することと自立することの繰り返しのサイクルを、早めるということです。当然、経験豊富な先生が、それを行い、細心の注意を払います。

例えば一日のなかで、十二時間依存していた子がいたとします。その依存する時間を十時間に減らし、次の週は八時間に減らすというように、依存している時間を細心の注意を払いながら、徐々に減らしていくのです。その為に、例えば電話を受ける回数を、減らしたりしています。最初のうちはグズグズしていますが、少したてば、子どもたちは慣れてきます。一番効果的な方法は、外部に目を向けさせることです。依存している対象のフィールドに目を向けさせるのではなく、それ以外のフィールドに目を向けさせて、興味を持たせるのです。

例えば、このような子がいました。昔の友だちから電話が掛かってきて、遊ぼうと誘われました。この子は依存しているフィールドから抜け出せず、昔の友達と遊ぶことさえ、プレッシャーを感じていました。「着て行く服がない」、「話が合わない」と様々な理由をつけて、遊びに行くことを避けようとしていたのです。

そこで私は、「とにかく、遊びに行ってきなさい。嫌なら、すぐに戻って来てもいいから。いつまでも、帰りを待っているよ」と言い、遊びに行かせたのです。その子が依存をしていない人と会話するだけでも、自立する為には役立ちます。外部と接触するだけでも、大きな進歩です。そしてこの子には、帰ることが出来る居場所があるということを再確認させてあげました。そうすることにより、外部に目を向けさせ易くしたのです。

とにかく子どもを自立させる為には、外部と接触する時間を多く作ることです。その為にも、とにかく慎重に内面を見ながら、言葉に気を使うことです。私は、外部に興味を持たせる為に、食事に連れて行ったり、映画に誘ったりします。買い物にも付き合います。また本人が興味を持っていそうなところには、必ず連れて行きます。

自立させる為には、まず依存心をなくさせなければなりません。その為に一番効果的な方法は、外部に興味を持たせることなのです。

症状の重い子の事例

●二年半、自分について話をしない女の子

自分のことについて話をしない子がいました。この子は家庭にも学校にも、居場所がない子でした。挨拶くらいは交わします。しかし、どのようなことがあっても、自分のことについては、全く話をしたがりませんでした。その子は教室から出て、二、三歩歩き出したかと思うと、反対の方向に走り出します。また、先程まで事務室にいたかと思うと、もうそこにはいません。とにかく、せわしなく動いている子でした。

先生たちは、この子が何を基準に動いているのか全くわからない状態でした。その子は自分のことを話さぬまま、二年半の学生生活が過ぎていきました。

卒業間近となった頃、その女の子は休みがちということもあり、卒業する為には、ある程度の出席率が必要でした。そこで、私がその子と話をすることにしました。会話をする態勢を作り、取り留めのない話まではしてくれるのですが、なかなか個人的な話にまでは到りません。ただ、この子が救いを求めていることだけはわかりました。なぜなら会話をする態勢を作ってくれたからです。

その子が、変わりたいという気持ちがあることは、確証が持てました。ただ、決意が固まっていない状況だったのです。変わりたいと思う今、この時こそが、この子が変わることが出来る時期なのです。ただ、決意をしていないこの状況で、この子を変える手伝いをするタイミングをはかることは、非常に困難を極めました。

そこで私はまず、自分の事をさらけ出すことにしました。何故ならば、人はわからないことに不安や不信感を持ち、距離を置こうとするからです。そして私は、自分が最も興味のある五感の話をしました。

すると彼女はむきになり、私の話を全て否定しました。否定をすると言うことは、関心があるということです。自分にとってどうでも良いことを、むきになって全否定はしません。つまりこの子は、五感に対して興味を持っていたのです。ただ、自ら感じたことを他人が話す場合は、それを肯定することができず、自らを肯定する為に、他人を否定するという形しかとることが出来なかったのです。自分だけが理解できると思っていることを、他人が理解できる筈もないという気持ちの表れなのです。そこから、彼女の様子が少し変わりました。

会話の最後にその女の子は、「先生、私ね、現実の世界に戻ることが出来ないかもしれない」と言いました。

何故そのようなことを言ったのかと言えば、その子は、月に一度精神科に通っており、二、三日後に再度通院して、精神安定剤の薬をもらって、飲まなければいけなかったからです。つまり安定剤を飲むことにより、また殻のなかに閉じこもってしまい、自分の部屋から出られなくなってしまうというのです。その時、初めて自分のことを語ってくれたのです。

私はその子に「部屋のなかに閉じこもること、つまり自己逃避することが、まさか、悪いことだと思っているの?」と優しく聞いたのです。すると彼女は「思っている。私は何かをして、生きていかなくちゃいけない。でもそれが出来ないと、部屋の中に閉じこもってしまうの。それは悪いことだと思っている」と言うのです。自分の本質を話してくれれば、後もう少しです。そして今この時が、彼女が変わる時期だとさらに確信し、私は「そんなことはないよ。自己逃避は、先生にもあるよ。先生は普段楽しく生きているように見えるけど、自分自身が逃げる場所はちゃんと持っているんだ」と優しく語りかけました。

自己逃避が、何故必要なのか。それは、体と心を休ませる必要があるからです。休むことが、何故悪いことなのでしょう。休む場所を持たない人は、そこで潰れてしまいます。そこで、その時、このような話をしました。

広い草原に、大きな木があります。木ですから、枝の先には葉がついています。ほんの微風でも、枝の先の葉は揺れます。しかし、枝元の部分は、微風では揺れません。更に幹の部分になると、もっと動かなくなります。

私は小さい頃、年配の人たちに、このようなことを言われたことがあります。「信念を持ちなさい」と。木でたとえるなら、大木となる信念を持ちなさいということです。幹のような信念を持てば、まず揺れ動くことがないからです。

本校の子どもは皆、枝先の葉のようなものです。ほんの些細な問題にでも、心が揺れ動いてしまう。まずは幹のように、様々な問題が吹いてきても、揺れ動かない信念を持ってもらいたいと思います。

しかし、幹は本当の信念ではありません。視覚的に見える部分だけが木ではなく、地中に埋まっている根があって初めて、本当の木が存在するのです。言い換えると、目に見えている木は、現実社会なのです。現実社会の地位、名誉、お金などです。これはあくまで現実社会でしか通じない、現実の部分です。この現実社会に惑わされ、子どもたちが悩み苦しんでいるのです。ですが、この現実社会が全てではありません。実際は、見えない部分、木で言えば根の部分があるのです。非現実社会があるのです。

人間は現実社会と非現実社会を知って初めて、生き物としての生き方がわかると思います。ですが、現実はどうでしょう。現実社会の見える部分だけで物事を考え、人生を送っている人が多いように思います。物を持ったまま、死んでいけるわけではありません。物質的豊かさだけが、幸せではないと思います。それより、もっと大切ことが、見えないところにあると思うのです。言い換えれば、人間社会と見えない社会、人間社会と生き物としての価値観、木でたとえるならば、見える木の根元と見えない木の根元の部分、これが今生きている世界の原理原則だと思うのです。

人は苦しくなると、逃避をしたくなります。多くの人たちは、逃避することが悪いことだと思っています。しかし逃避は心、体を休める為に必要なことだと思うのです。どんなに現実社会で悩んでも、問題は解決しません。枝葉の先で考えるのではなく、木の根元で考えるのです。答えは、一つしかないのです。

つまり、お父さんがやけ酒を飲んで、仕事のことを忘れる。お姉さんが音楽鑑賞に浸り、勉強のことを忘れる。これも一種の逃避なのです。人は知らず知らずのうちに、現実と非現実を使い分けているのです。

私は「君がやっていることも、必要なことなんだよ。先生は、皆が見ている現実の世界が非現実の世界で、皆の見ている非現実の世界が先生が住んでいる本当の現実世界なんだと思っている。君だってそれで良いと思っているはずだよ。先生は君が住んでいる世界が、とても好きなんだ」と言いました。

そして私と同じ本当の現実世界で生きていこう、私自身も多くの人たちが住んでいる現実世界で生きることが難しい。今の社会に馴染めないけれど、それでも元気で生きていられるのは、多くの人たちが思い込んでいる非現実世界が、本当は人にとっての現実の世界だからだということを真剣に話しました。

そこで初めてその子は、私が自分と共通の考えを持っていることを、感覚で感じたのです。そして信頼とは、何かを知りました。私とその子の間に、信頼関係が生まれたのです。時間で言うと、三十分程の会話です。それ以降、その子とは信頼関係を築いています。

彼女は三年間では、卒業出来ませんでしたが、四年目を迎え、アルバイトをして生活費を稼ぎながら、元気に学校に登校してきます。彼女は、コンピュータグラフィックに関心があり、卒業後はそちらの仕事につきたいと、がんばって勉強をしています。

●封じ込められたこころ

彼女はデパートの屋上に上り、飛び下り自殺を図ろうとしました。しかし、警備員が偶然にも中学校の同級生であったこととその彼から自殺を止められたことで大事には至りませんでした。その様な過去を秘めて本校に入学してきたのです。

彼女が通っていた学校は進学校で二年間在籍していました。少し個性的なところが有り、学校の先生達からは偏見の目で見られていたようです。彼女が言うには、一部の先生からストーカーまがいのこともされていたようで、今でもその先生たちを恨んでいると言います。インターネット上に実名を使いその先生たちを非難するほど、根が深い問題に成っていました。

私は、入学して間もなくの頃、悩みがあればいつでも話を聞くということを伝えてありました。一週間後、「先生、ちょっと話したいことがあるからいい?」と言われ、「良いよ。今から?」と聞くと、「う、うん。来週の火曜日に時間を取ってくれる?」と言って帰って行きました。

当日、四時間目の授業が始まる前、彼女はタオルを持ち私を訪ねて来ました。「用意がいいな。タオル持ち?」と聞くと、はにかみながら「うん。場合によっては泣くかも知れないから」と言います。「別に、泣いても良いんだよ」と言いながら私は聞く態勢に入りました。

母親が結婚をした時、既に父親には二人の子どもが居たこと。そしてこの夫婦から自分が産まれたことなど家庭環境から話を始めました。特に義兄には幼い頃から両親の陰でいじめられ続けていたと、無表情に話をする。いじめのことを母親に告げようとすると「言いつけたら、お前の母親を痛い目に合わせてやる」と凄まれ、我慢して今まで生きて来たのだと。

その影響からか彼女は高校に入学するまで、自らの感情を表に出すことが出来なくなっていたのです。幼い頃に苦痛に耐えることは堪え難いものであったでしょう。この苦しみから逃れる方法は、感情を持たないことや思考を停止することで傷つく自分を客観視し、現実逃避するという以外には無かったのでしょう。愛する母親を守るために喜ばせるために彼女は母親の望みのままに勉強をし、勧められるピアノの練習に励んだのです。心を閉ざし考えることを放棄してこの異常な環境の中で成長してきたのです。

しかし、耐え続けることには限界があります。家庭に求められない優しさを他に求めることは当然に成り、「ボーイフレンドは多い方が良い。一人が駄目になっても次に頼れる人が居て欲しい」と、彼女は言います。大人に成るに従い、思いは弱い部分を誰かに守ってもらわないと、不安で仕方がなかったのだと思います。

二年生に進級した時、先生とのいざこざから始めて物事を深く考えなければならない状況に追い込まれた彼女は、心を子どもの頃の時間に止めたのです。外見は大人のままで心を無感情にしたのです。しかし、先生たちはその心を考えずに外見で判断を下しました。その結果、彼女の心の中に学ぶことや生きること、家族・学校・先生等の全てのことに不信感や疑問が生じ、深く悩んでしまったのです。考えても考えても答えは見つからない……。彼女は子どもの世界に戻るしか無かったのです。

普段話をする時は大人の雰囲気を漂わせて話をしますが、上手くいかない時は手紙を私の机の上に置いて帰ります。その手紙には幼稚園児のような絵や文字が描かれています。

幼少の頃に虐待し続けられると、自らの考えを持ってはいけないと考え、感情や思考を閉ざします。この状況が長く続いたり強まると人格を重複して持つことに繋がります。

彼女が話し相手として私を選んだ理由に「少しは分かってくれるかも知れない」と、感覚的に思ったのだと思います。その感覚を私は確かに感じた。まず、先生と生徒では無く「友達」に成ろうと思い、コンサートや映画に誘いました。普段であればその子に合ったものを選びますが、この時は相手に合わせてはいけないと思ったのです。何故なら彼女には子どもの部分と大人の部分があり、そのギャップを埋めることが彼女にとって必要と感じたからです。彼女の心に埋まっていない部分を感じさせることで、大人と子どもの価値観とは異なる他の価値感があることを知らせる必要があったのです。「コンサートに行こうか？・」と声をかけると「ホント？・」と嬉しそうに答えてくれる。「吉田兄弟の津軽三味線だぜ」と言うと、「ウ？・」となる。予想を超えた提案が既存の価値感を埋めていく……。私は時々悩みを持つ人たちにこんな方法で接します。その人の想像する範囲を超えて考え、その人が気付かないその人を見つけ、その人の拒否する中にその人の良さを見出だす。人は現実の中の自分を全てと思い悩みますが、客観的に自分を見ると意外に下らないことで悩んでいることに気付きます。ですからその人が「エッ?」と、思えることを提案して上げるのです。

彼女が私の学校に入学してからも、学校を休みがちでした。しかし、その事を父親は知りませんでした。知らせなかったのです。知らせる事は彼女の母親を傷つけることになるのを彼女から聞いていたからです。が、ある日父親は出勤途中に忘れ物を思い出し、家に戻り学校に行っている筈の彼女に会ってしまったのです。父親は「前の学校と同じように今度も学校に行ってないのか?　とにかく学校に行け!」と、強く言い残して出かけその日は済みました。その数日後、父親は彼女のことが気になり出勤前に彼女の部屋を覗きました。すると学校に登校する時間にも関わらず寝ていたのです。父親は憤慨して「やっぱり学校に行ってないんじゃないか」と、殴りました。

その日の朝、彼女から「先生、学校に来る?」と、泣きそうな声で電話が有りました。異変を察知し、明るく「行くよ」と答えると「とにかく、学校に来て。駅まで迎えに来て」と念を押します。「どうしたの?」と聞くより「何時でも必要な時には会えるんだよ」と思わせたかったので理由は聞きませんでした。

私は学校の最寄りの駅に迎えに行き、父親から殴られたこと母親も暴力を振るわれるかも知れないと不安に思っていることを聞きました。しかし、この頃の彼女はストレスから体調を崩し、学校に通える状態ではなかったのです。通学を求めるよりも心を癒すことが先決な筈ですが現実の環境は違っていた。私はこのままではいけないと思い、全く別の世界を見せなければと考えたのです。現実世界が全てで無いことを知らせるために彼女を含めて三人の生徒を引き連れハワイに行きました。野生のイルカを何故か見せたかったのです。私にとってイルカは「感覚の世界の仲間」という特別な意識がありました。

イルカは人類と袂を分かち、海に生存する世界を求め、人は陸に生存する世界を求めました。イルカは自然と一体化することで、自然と共存する道を選び、人は自然を克服し、支配する道を選択しました。

イルカは、他の地球上の生物が自然に順応してきたように、自らの形態や感覚を自然の環境に順応させ、適合しながら地球上に存在しました。人は自らが順応することよりも、知識や技術を用いて自然や他の生物を利用することで、存在する道を選びました。

多くの人たちは、イルカについてのこんな話を聞いたことがあると思います。アメリカのフロリダには、イルカが海から自由に出入りの出来る入り江があり、人と交流をしています。入り江に現れるイルカは水のなかの人との交流で、心に悩みを持つ人や、体に病を持つ人を瞬時に識別して、その人々に自らの体をこすり付けて、背びれを振り、背びれを摑ませ遊泳します。

すると、人々の病の回復が早まるというのです。何故、イルカは瞬時にして病める人の識別が出来るのでしょうか。何故、他の生き物の犠牲の上に存在し、自然を破壊している人間を励ますのでしょうか。何故、人間の病の回復を早められるのでしょうか。

フロリダのイルカに限らず、世界中には「船が難破し海に漂っていると、イルカが現れ、陸まで連れて来てくれた」「沖に流されていると、イルカが現れ、海辺まで押し戻してくれた」「イルカと海の中で戯れていると、幸せのオーラのなかに身を任せているような、幸せ感を感じる」などの逸話がたくさんあります。

何故、イルカは人に対してこんなにも優しいのでしょう？　人もイルカも、哺乳類として進化して来た過程は、途中までは同じ筈でした。ある時、人は陸を目指し、イルカは海に戻って進化を続けます。人は五感や心を疎《おろそ》かにして、物質的な豊かさを求めたとすると、イルカは五感や心を大切にし続けて、進化する人間とは対照的な生き方を求めたのではないのでしょうか。人は物質的な豊かさを求める余り互いに殺し合い、憎み合い、傷つけ合って、自然までも破壊し、自らを滅ぼそうとしている。

それに反してイルカは、五感や心を大切に、自然と共存する選択をし、今、私たち人類に対して同胞として、五感や心や自然と共存する事の大切さの最終警告を発しているのではないでしょうか。

「先生は行かないの?」と聞かれ、「俺は行かない。会うと別れが辛くなるから」と断り、三人を見学ツアーの船に乗せました。船は沖合で故障し二時間ほど漂流したと後から聞きましたが、その漂流の途中にひょっこりと野生のイルカが顔を出し、対面を果たしたとの報告を受けました。その夜ホテルで眠りに就いた彼女を残して連れの二人の生徒が私の部屋を訪れ、彼女が人知れずにイルカを見て涙を流していたことを聞きました。今は急激に変わらないかもしれないが、いつの日か自然に包まれた暖かな感覚が彼女の心を豊かに育んでくれると信じています。

今も余り学校には登校できないのですが、私は時々電話をしています。「俺にもチョット息抜きさせろよ。お前みたいなアホな奴と話をすると、ホッとするよ」と。いろいろな話をした後「話を聞いてくれてアリガト」と言って電話を切ります。アホと言ったり雑な言葉を使ったり愚痴をこぼすのも、私の弱さや甘えたがったりすることは皆同じなのです。決して彼女のことを軽んじたり見下して言っている言葉ではないのです。このことを彼女もよく理解していて、私の電話の応答はお姉さんが弟をあやす様な感じになります。

その子の友だちは、進学校に通っていることもあり、一流大学目指して、勉強に励んでいます。一流と言われる会社に就職をすることを、目標としています。優秀と言われる子が目指している方向は、人間社会なのです。しかし、勉強が出来ること、一流企業に入社することが、必ずしも本当の優秀ということではありません。ですからバカという表現を使うことにより、それよりも大切なことがあるということを知ってもらいたかったのです。

また、友達と比較し、自ら劣等生のレッテルを貼ることを防ぐ為でもあります。世間や友達の考えに振り回されず、自分の考えで人生を歩めば良い。そのことを教えたかったのです。

その子は落ち込んでいる時は、トラクターで土を耕します。つなぎを着て、何時間でもトラクターを運転しています。トラクターで空き地の土を耕すのですが、そのこと自体には、何の意味もありません。ただその時の、彼女の精神状態は、全てを忘れられている状態です。最初は運転をして、土を耕しているだけです。気を散らすと、柵などにぶつかってしまいます。しかし、そのうちにわかるようになってくるのです。「自分は自然と一体なのだ」と。

何故なら、土を耕している最中に、鳥が集まり、虫が土の中から掘り返されるからです。彼女はよく「私は自然と一緒にいる。だけど、植物に悪いことをしている。それで良いの?」と聞きます。土を耕すことによって、地面に生えている植物の命を奪うことになるからです。私は「それでいいんだよ」と言いました。地上に生えている植物を取り除くことにより、地中に埋もれ育つことが出来ない種たちが、表面近くに現れます。このことにより、その植物が種から芽を出して、地上の世界を見ることが出来るからです。

「一つの命を失くし、一つの生命を誕生させる。だから、いいんだよ」と、優しく語りかけました。つまり、このように感じることこそが、自然と一体化していることの表れなのです。

この子は志望する大学も決まり、一次試験を合格したところです。二次試験もこの分であれば、大丈夫でしょう。この子は夢に向かい、大きく前進をしたところです。

第四章　親、学校、社会に求められる役割と責任

親と子の関係

●困った親

不登校の親には、困った親が多いのです。以前こういうことがありました。はっきり物事を言う母親と無口な父親です。母親が学校に口を出し過ぎ、そのことが原因で、息子が学校に行かなくなってしまいました。学校に行かなくなると、母親はまた学校に口を出して、子どもの不登校に拍車がかかるのです。その時、父親は学校、子どもに対してノータッチです。母親まかせなのです。何故なら父親は気が小さく、口をはさんでも、母親に言い含められてしまうからでした。その結果、父親はさらに、子どもは母親にまかせておけば良いと思い始めます。

その後、その子は不登校のまま中学校を卒業し、私の学校に入学してきました。その子は、母親の影響が強く、一般的に言うマザコンに近い状態でした。当然父親とは、一線置いていました。何かというと母親としか話さず、母親が窓口となっていました。その子は九州から来た子で、学校の学生寮で生活していました。

ある時、その子は卒業生の女の子と恋愛関係になります。その男の子は母親の影響が強かった為、愛しているというよりはただ、母親の代わりになる人が欲しかったのかもしれません。その後、女の子は何と妊娠してしまいます。この段階でそのことは、学校側にはわかりませんでした。

妊娠後、彼と彼女は休みの日に、彼の実家に帰郷します。そして彼の母親は彼女の両親の承諾も得ずに、勝手に子どもを中絶させてしまうのです。その後、女の子は自分の実家に帰りました。しかし女の子の両親は、娘の様子がおかしいことに気付き問いただしたところ、妊娠して子どもを中絶したことなどを話したのです。それが学校の知るところとなり、問題となったのです。

このままではいけないということで、私が男の子の両親に連絡を取りました。いつもは母親が窓口なので、母親としか話さなかったのですが、事態が事態ということで父親にも連絡をしたのです。すると、父親が「男の子というものは、そうやって成長していくものです。そのようなことはよくあることです」と言ったのです。私は、憤慨して、「人の娘を傷つけ妊娠までさせ子どもまで中絶させておいて、その言い方はないだろう。そういう考え方は間違っている」と抗議をしました。それでもその父親は「男というものは、そうやって成長していくものだ」と言っていました。

結局、男の子には恋愛感情がなく、母親にもその女の子と付き合うことを反対されたこともあり、別れることにしたのです。すると、その女の子は自殺未遂をしてしまいました。私はその子に一ヶ月付きっきりとなりました。再び自殺をはかる可能性があったからです。

それから私は、その男の子に「本当に付き合う気はないのか」と聞くと、「ない」と言います。しかし、その女の子の前に出ると、その女の子が自分の所為で万が一自殺でもしてしまったら困るという理由で、「好きだ」

と言ってしまうのです。そういうことがあり、私はその女の子にこれ以上傷ついて欲しくはないと思い、その男の子にもう一回本当に付き合う気がないのかと確認すると、その男の子は、「ない」と言うのです。「ならば、もう二度と彼女に夢を見させるようなことを言わないでくれ」と伝えて、男の子は承知しました。

私は女の子のところに行き、「聞きづらいことかもしれないが、聞いて欲しい」と言い、「本当のことを言うと、彼は君と別れたいと言っている」と告げました。すると、その女の子は「私の前では、一度も彼はそのようなことを言ったことがない」と言うのです。そうしてまた、自殺未遂をしたのです。

私は男の子とその父親を、呼び出しました。私が「自分の息子がこんなに女の子を傷つけていても、男はそうやって成長していくものだと、本当に思われますか。本当のことを言って欲しい。本当にこれで良いのか。命というものは、そんなに軽いものなのか。あなたの子育ては、本当にそれで良いのか」と言ったところ、父親は泣きながら「そうは思っていない」と言ったのです。その父親は、自分ではどうすることもできなかったのです。全て母親まかせにして、逃げていたのです。もしその子が完全に不登校になる前に、父親が自分自身から逃げずに戦っていたとしたら、このようなことにはならなかったでしょう。

その当時、男の子は高校一年生で、身長が百八十センチメートルもありました。私はそういう状況でも、その父親は怖がらず逃げずに間違ったことをしていると息子に言うべきであったと思います。一番困る親は、こういう親なのです。問題を抱えている子どもの親は、子どもの身体が大きくなると、それだけの理由で手が出せないのです。私は間違ったこと、人に迷惑をかけることをしている子どもには、反省をしない時、自分の子どもであろうとなかろうと、手を出します。人間の基本は、人に迷惑をかけないことです。私が傷ついても構わないが、他人を傷つけることは許せないのです。

ですからその男の子の父親に対して、自分の子どもさえ良ければ、それで良いのかと問いただしたのです。そして父親に「自分の子どもがもし間違いをしているのならば、お父さんが正すべきです。もしその子をこの社会に置いておくことをお父さんがいけないと判断したならば、お父さんがこの子を処分すべきです」と言い、その子にも言いました。「人を傷つけることが止められないのであれば、自分のお父さんに殺されるべきだ。父親が自分を殺す、処分するということは、父親も自分も苦しみを味わうこととなる。その苦しみがあるということをお互い考えなければ、理解し合えない」と言うと、父子二人が夜中の二時頃に公園で、大泣きし始めたのです。その時初めて、父親が子どもを思う気持ちと子どもが親を求める気持ちが、ぶつかったのだと思います。

親はどのようなことがあっても、子どもを信じ続けなければいけないと思います。どんなに裏切られても、信じ続けるのです。それでも人に迷惑を掛けるようであれば、自分の責任において自分の子どもを殺す、そのくらいの覚悟を持たなければいけないと思います。こういう覚悟が、不登校の子どもを持つ父親にはありません。母親にまかせきりで、自分は関与しない。そして逃げる。日本の社会が悪くなるのは、腹を括《くく》っていない父親が多いからではないでしょうか。

子どもが成長していく過程で、父親の力が必要になる時期が必ずあります。その時、覚悟を決めていないと、子どもとの距離が出来てしまいます。特に父親と男の子との間には、距離が出来ることが非常に多いのです。子どもがぶつかりたい時に、ぶつかれないのです。

母親、女性の考え方は、優しさを持っています。ただ優しさだけではダメだと思います。女性が優しさだけで一面的に判断するような時、男性が助言してあげなければならないと思います。

しかしこういう時、女性に言わなければならないことを言えない男性が、多いのです。何故なら多くの男性は、女性に物事を言えるほど一生懸命生きていないからです。言えない男性が増えるならば、一面的な女性も増え、子育てにも影響が出てくると思います。子どもの心が歪んでしまう恐れさえ、出てくる可能性があるのです。そして子どもが不登校になるケースも多くなってくると思います。

子育ては両親が揃ってそれぞれの役割を全うすることが、基本だと考えます。それが、大切なことなのです。しかし、役割を全うすることが出来ない親が多いように思います。そういう親は、結婚しても子どもを作らないほうが良いのではないかと思うことさえあります。

これからは、子どもが親から学べる子か学べない子かを見極めて、どのように学ばせてあげれば良いかを両親が敏感に感じ、考え、育てていかなければならないと思います。大人になるまで見なくてはいけないという訳ではなく、小学校三、四年生まで慎重に対応すれば良いと思います。ほんの一時期です。しかし、それさえ出来ない親が多いのです。子育てがいかに大切かということを、もう一回真剣に考えて欲しいと思います。

●長女への鉄拳

我が子どものことで、このようなことがありました。長女が高校二年生の時、家に連絡もしないで友だちとカラオケに行き、翌朝の七時頃帰ってきたことがありました。あの夜、私は一睡も出来ませんでした。心配と心が通じ合えないことの苛立ちで、長女の顔を見たとたん、殴り、蹴飛ばし、放り投げるなどの暴力をふるいました。仰向けに押さえつけ、二、三回ビンタを張った時、長女は「私は中学校時代、もっとお父さんと遊びたかったのに……」と泣きながら、叫びました。その言葉を聞いて、私は振り上げた手を下ろすことが出来なくなりました。その時私は、父親としても人間としても、本当に長女と向き合っていないのではないかと思ったのです。仕事に追われ自分の都合ばかりで、長女と接していたのではないかと思います。

では、どのように子どもと向き合っていけば良いかと、考えました。その時、世間一般でいう父親らしさで付き合うのはやめようと思ったのでした。一人の人間として付き合い、喜怒哀楽、自分自身の感情を全て表に出そうと考えたのです。

子どもの前で涙を流す親は、ほとんどいません。しかし子どもの前で、泣いても良いと私は思うのです。何故なら、親は毅然として子どもを守る存在でいなければいけない時もありますが、時として親にも弱い部分があるのだと、子どもに知ってもらう必要もあると思うからです。

一般的に親は自分の弱さを知られたくない為、強がって見せたり、また逆に無表情を装ったりします。自分のことを知られたくないと考える人は、本当は弱い心の持ち主なのです。人は喜怒哀楽などの感情を表に出すことは、自分の弱さをさらけ出すことと同じだと考えがちですが、本当に強い人間は、自分の持っている全ての感情をさらけ出しても、さらにそこに存在することができるのです。ですから親は感情をさらけ出し、さらにそこに存在するといった本当の強さを持って、子どもと接していかなければならないと思います。

自分の感情を抑えていると、相手も感情を抑える。それが人間関係だと思います。逆に自分が全てをさらけ出し、子どもにぶつかると、子どもも全てをさらけ出してくれます。自分の強さや弱さ、ずるさなど、全てをさらけ出してきます。親が全ての感情をさらけ出すことにより、子どもも感情をさらけ出しても良いのだと感じるからです。普段強いと言われている親が、本当は強い人間ではないのだと感じます。また、自分の親は世間一般の親とは少し違う感じがするが、本当は誰よりも一生懸命生きているのだと感じてくれるのです。したがって、親と子どもに壁などなくなり、ストレートな関係になれるのです。

●父と子

以前、私のところに息子が暴走族に入り、言うことを聞かないという父親からの相談がありました。この父親は学歴が低いので、会社に雇われているという気持ちが強く、社会的には弱い立場でした。しかし、家に帰ると亭主関白です。父親には、自分は一家の大黒柱で、家族を支えているのだという強い自負がありました。家族は、父親に絶対服従でした。そういう父親に息子は反発したのでしょう。息子は暴走族に入り、その後、高校を退学させられてしまうのです。そして、私の学校に息子を入れてもらえないかと父親が頼みにきたのです。その時私は、父親に、子どもに対してどのように接しているのか聞きました。父親は家に帰れば亭主関白で、家族は絶対服従なのだと言うのです。その考えは間違っていますと、私は父親に言いました。そして「お父さん自身にも弱いところがあるでしょう、それをどうして見せてあげないのですか」とも言いました。ただこの時、父親は納得したのかわかりませんが、帰っていきました。

その後、その父親と再会した時、近況を聞きました。相変わらず息子に対して、「学校も行かず、学歴もなく、これからやっていけるのか」と言ってしまうと言うのです。父親も、学歴がないことを引け目に感じていたのです。私は、「それは間違った考えであり、一人の人間としてぶつかってみなさい」とアドバイスをしました。また、自分の本当の感情をさらけ出すことは悪いことではありませんとも話したのです。

その後、その父親は息子に、自分は本当は弱い人間だということ、家族を守っていく為に自分は家族の支えになれるように強い人間を演じていたこと、息子が暴走族に入り問題を起こし、学校まで退学させられたことが悲しかったことなど、全て自分の気持ちを包み隠さず話したのです。

それから一ヶ月後、息子は父親に、「車に乗せて、辞めさせられた高校の校門まで連れて行ってくれ」と言ったそうです。息子の頼みということもあり、父親は学校の校門まで連れて行きました。息子は父親に、学校のなかに入ってみるから少し待っていてくれと言います。息子は校門を乗り越え、学校のなかに入っていきます。そして、学校から出てきました。それから初めて「親父、俺働くよ」と息子は言ったのです。

その後父親は、「息子が、鳶の仕事をしている」と、私のところに報告にきました。本当に喜んでいました。父親が全てをさらけ出すことにより、息子は父親が本当はそんなに強い人間ではないと感じたのでしょう。父親の本当の感情に触れたことで、息子は更正出来たのだと思います。

子どもは、父親、母親、家族は本当の感情を見せて、ぶつかってきて欲しいと思っています。子どもが求めている愛情や感情とは違った感情で接してしまうと、親と子の関係にひびが入ってしまいます。子どもに理解されない親というのは、子どもの為にがんばり過ぎて、自分の弱いところを見せていないからではないでしょうか。本当は、父親も母親も弱いところを持っているのだと子どもが気がつけば、その親から生まれた子なのだから、自分にも弱いところがあって当たり前だと思ってくれるのです。そのようにお互いに触れ合って共感し合えば、距離も近付き、親と子の関係も良くなっていくのだと思います。

今ある教育、学校に対し言いたいこと

今の教育は、教育本来の役割を果たしているとは思えません。

本来学校とは、社会、国、人間一人一人、人類について学ぶところだと私は考えます。しかし現実は、幼稚

園、小学校、中学校、高校、大学の全ての学校が、知識の吸収に比重を置く所となっていると思うのです。さらに親が子どもに対して抱く一番の関心事が、如何に有名な学校に入れるかになってしまっていると、思います。個人がより良い生活を送っていく為や、物質的な満足、幸せを手に入れる為の手段に、学校が成り下がっているのです。

また、企業と学校が歪《いびつ》な形で繋がっているのではないかと思うことがあります。例えば多くの企業が、国際化を叫んだとします。すると、教育過程に英語の時間が増えるのです。また多くの企業が、IT革命の必要性を叫んだとします。するとコンピュータ関係の授業が増えるのです。もちろん実際には企業と学校の関係は直接的なものではなく、社会の要請や国家の政策を通して間接的な形で繋がっている訳ですが、これらの例を考えると、学校が子どもたちのニーズに合わせているのではなく、企業や親の欲望に合わせた学校になっているのではないかという気がしてならないのです。

このような風潮は、どこか間違っていると思います。私は子どもが保育園、幼稚園の時期には、人間としての心を親が育てていかなければならないと思います。極端に言ってしまえば、保育園、幼稚園は、両親の子育てのアドバイス機関的なものであれば良いのではないかと考えるのです。

子どもが小学生、中学生の頃は、人間としての心を育む時期であると考えます。もう少し具体的に言うと、日本人としてだけでなく、人間として如何に生きていくべきか、何を基準に判断していかなければいけないかを、学ぶ時期であると考えます。人間として如何に生きるべきかという考えが固まれば、その過程において、例えば芸術に興味があるのであればそちらの方向へと、子どもの将来の方向性を定めることが出来ると思うのです。

以前オウム真理教の問題がありましたが、その幹部である人たちの大半は、東大や早稲田大学といった一流大学で専門的なことを学んでいました。しかしその人たちは、人としての本来の心、生き方を持っていなかったが為、その専門的知識や技術を正しい方向に使えなかったのではないでしょうか。これは、一つの例に過ぎないと思います。オウム真理教の例に限らず、企業、政治、行政のトップの人たちは、一流大学卒が大勢います。専門知識、技術など学問に関して言えば、多くの人たちより優れていると思います。ただ問題なのは、どんなに知識があり、技術的に優れていても、心が正しくないが為、その使い方を間違っていることが大いにあるということなのです。それが今、日本社会の大きな問題なのではないでしょうか。

何故今このような人たちが育ってきたのかを見極め、是正していくのが、今後の日本の教育に求められることだと思います。小学校、中学校、高校、大学は、それぞれの役割をしっかりと見定め、何を目標にするのかを明確にすべきです。子どもたちは自分に何が出来るのかがわからないうちに、受験勉強、知識優先の授業を受けさせられてきたように思います。その為、心のない人間が大勢育ったのではないでしょうか。

教育を変えていく為には、人間としての心を育む、幼児期までの学校教育の在り方を、もう一度考えていかなければならないと思います。

私は以前から、このことを衆議院議員会館での講演などで発言しています。小、中学生の時に、「人間が何の為に生まれ、何の為に生きているか」、「人間にとって大切なものは何か」を指導、考えさせることは、文部科学省が言っている本来のゆとり教育のテーマに繋がると思います。ゆとり教育を教えられる教師は、現時点でほとんどいないと思います。何故なら先生たちは、そのような教育を子どもの頃に受けていないからです。また、あまりにゆとり教育自体が抽象的過ぎて、理解しづらいように思われます。先生たちも知識としては、理解出来るでしょう。しかし体験として理解していない為、それを子どもたちに説明するのは難しいのではないでしょうか。

単に時間的なゆとりや勉強時間を減らすことによって、精神的なゆとりが出来るといったことが、一般的にゆとり教育と言われています。しかし、ゆとり教育とは、単に勉強時間を減らして、ゆとりをつくるといったことではありません。学校を通して子どもたちが公平な価値観を持つことが出来ると同時に、自らの意志で考え、行動出来るような習慣を身に付けられるように導いていくことこそ、本当の意味でのゆとり教育なのではないでしょうか。

今の学校では、現実に本当のゆとり教育を行うことは難しいのではないのでしょうか。幼稚園、小学校、中学校、高校、大学も含め、もう一度教育の在り方を検討し、考え直さなければならないと思います。

私は、幼児期が人間の感性を育むのに如何に大切かということを、様々なところで訴えています。お母さんのお腹のなかに胎児がいる時、子どもはまだ知識もなく、知能もあまり発達していません。自らの存在や置かれている環境を感じる手段は、五感という器官を通して確認をするのだと思います。母親の感じる感情は母体を通して胎児に伝わり、妊娠中の母親が置かれている環境が絶えず緊張を伴うものであれば、胎児はその影響で神経質になり、逆に穏やかな環境にあれば、胎児は温和な性格を身に付けるのではないでしょうか。

また幼児期から小学校低学年までは、五感を主体にして環境状況を把握している筈です。両親に抱かれている時の温もりや柔らかさ、心臓の鼓動や両親の匂い、優しい表情やお父さんのチクチクした髭。幼児期に両親のたくさんの五感に触れることが、子どもの愛情を育み、両親に大切にされることが、子どもの豊かな心を育むのだと思うのです。

一つの実験データとして、このようなものがあります。出産まもない赤ん坊をベビーベッドに数人寝かせておき、一人の赤ん坊には看護師が通るたびに「かわいいね」、「元気」などと声を掛け、スキンシップをとると、その赤ん坊は順調に成長していくのです。逆に声も掛けず、触ってもあげない赤ん坊は、成長が遅くなるというデータがあります。こまめに触って声を掛けてあげることで、赤ん坊は五感を通し愛されていると感じるのです。愛情を掛けるかどうかで、赤ん坊の個々の成長スピードも変わってしまいます。

子どもというのは知識や経験がないぶん、自分の状況を五感で感じ把握しなければならないのです。私は五感と心は、一緒であると考えます。五感が一番活性化されていて、個々の感性が広がる保育園、幼稚園の時期には、知識や技術を身に付けさせるのではなく、感性の豊かさや人に対する優しさを身に付けることが良いと思います。これは私自身の経験からも、小学校三年生から四年生までは、五感で物事を感じとる、心を意識する時期だと考えるからです。

小学校四年生以降は五感の活性化が徐々に弱まり、代わって知識や経験が、物事を判断する基準になります。小学校四、五年生から中学生までにそれまで五感で感じてきたことを、知識や経験で理論付けるといった考え方になるのが、理想でしょう。こういう考え方で全ての学校が教育をすれば、より良い子どもに育っていくのではないかと思います。

また、次のような学校形態が理想ではないかと考えます。例えば音楽の高校には弦楽器もあれば管楽器や打楽器と、様々な専門科目があり、芸術系には日本画もあれば油絵もあり、版画もデザイン画もあります。そのように、様々な専門的科目を取り入れた総合的な高校をたくさん作れば良いと思うのです。そして高校一学年を三十人から四十人、三学年で百二十人くらいの、少人数で方向性の明確な学校にします。少人数のクラスを作ることにより、一人一人の子どもの考えを把握することが出来ます。また、先生と子どものコミュニケーションをとることが容易になります。しかもその学校では、自由に専門科目を変えることが出来るようにするのです。イギリスでは既に、このような形態の学校があります。

例えば、途中から管楽器が、どうしても合わないとします。どうしても、日本画に替わりたい。そういう場合は、簡単に進路変更出来るようにするのです。そのような様々な専門科目のある学校をたくさん作れば作るほど、子どもたちは自分に合った方向性を見つけることが可能になるのではないでしょうか。そして、自分の将来の方向性がある程度確定したところで、目的に合った大学を選び、さらに専門的なことを学べば良いのです。それが本来の勉強の仕方ではないかと思います。

私が運営している学校には、不登校、学習障害の子どもが大勢います。その子どもたちは親から、「皆は学校に行っているのに、お前は何故学校に行かないのか」、「よその子は勉強が良く出来るのに、何故出来ないの」と言われ、小学校、中学校生活を過ごすなかで、両親からも教師からも、ダメだダメだと言われ、クラスメイトからも邪魔者扱いされて、疎外されてきたのです。そして学校を形ばかりに卒業して、私の学校に入ってくる子どもが多いのです。

そういう子どもたちは、荒れていることが多いのです。その子どもたちに対して私の学校の先生たちは「人に対して、優しくしなさい。他の人に、愛情をもって接しなさい」と言います。しかしその子たちには、それが出来ないのです。なぜ出来ないのか。それは、小さい頃から愛情を注がれた経験がないからなのです。つまり逆に考えると、愛情の注ぎ方がわからないのだと思います。それを周りの人たちは、その子が愛情の注ぎ方を知っているかのごとく、話をします。しかし小さい頃から愛情を注がれたことがない子には、愛情の注ぎ方がわからないのです。母親だけに育てられた男の子が大人になって結婚し、子どもが生まれたら、父親として子どもに対して、どのように接して良いのかわからないといった例もあります。

優しさや愛情は、人から注がれた経験がないとわからないものだと思います。理屈で優しさや愛情がこのようなものだと教えても、子どもたちは愛情を注がれる経験を受けなければ、わからないことなのです。

今、学校教育で、小、中学生は進学後、ゆとり教育が必要であると提唱されていますが、子どもたちは知識、理屈だけではなく、本当の心というものを知らなければ、ゆとり教育の本来の意味を理解できないのです。もっと早い段階に、人から声を掛けられたり人に優しくされる感覚としての経験がなければ、小、中学生の段階において、知識でゆとり教育、心を育むといっても手遅れであると思います。ですから、幼児期の教育は最も大切なのです。

子どもは、柔軟性をものすごく持っています。例えば、子どもに自分の幸せだけを考えて生きなさいと教えれば、自分のことだけ考え、生きる子どもが育つ可能性が高いのです。つまり子どもは良い意味でも悪い意味でも柔軟性があり、どんなことでも吸収する力を持っているのです。今、大人、社会が本来の意味で子どもに教えることが少なければ少ないほど、利己主義や物質的豊かさを求めることが良いという、今の社会の風潮に流されてしまう可能性があります。ですから、小学校三、四年生までに本質的な豊かな心、人としての生き方、社会の一員であり日本の一員であり地球の一員であるということを、教えていくことが必要だと思います。

子どもたちは物質的な豊かさを求めて一流と呼ばれる大学に入り、大企業に就職し、家庭を作り守っていくといった、偏った考え方をしていると思います。その子どもたちに、地域社会の一員、日本社会の一員としての存在、さらに地球規模での自分の在り方を教えるべきです。このような指導が、学校教育ではなされていません。それが問題なのです。大人たちは真剣に「何の為に生まれてきているのか」、「何の為に一日一日を生きているのか」、「本当の大切なものは家族だけなのか、あるいは物質的な豊かさだけなのだろうか、自分だけが幸せで良いのだろうか」という幾つもの大切な問いに自ら考えて、子どもたちに教えていかなければならないと思います。

今の学校教育では、ゆとりのある時間を作ることは、なかなか難しいかもしれません。しかし、是非余裕ある時間を作って、本当に大切なものは何かを第一に考えて、それを実行してもらいたいと思います。

本校の講師の採用で留意していること

まず、本校が先生に求めるものは、「人間性」と「情熱」です。狭量な人やヤル気のない人には、退職を勧めています。いい加減な気持ちで、本校を就職先として考えて欲しくないからです。

「人を教育する」ということは、物を作るのとは異なり、大変に責任の重いものであると思います。社会の将来を託する子どもたちの教育に誤りがあったならば、将来の社会は、不公平で思いやりのないものになってしまうでしょう。ですから、物事の本質を理解し、原理原則の基本のところでものを考えて実践する情熱を持つ人に、教育に関わってもらいたいと思います。このことは大切なことなのです。

少し具体的な例をあげて、説明しておきたいと思います。この学校の理念として「自然から学べ」という言葉があります。これは文明のなかの価値観（地位、名誉、お金、物質的な豊かさなど）に惑わされることなく、人として或いは自然を構成する一員として、地球上に「生」を営むあらゆるものたちと共存することの意味や、それらと調和する心を育む必要があると考えるからです。五感を澄まして自然を観察し、自然と人との関わりを知り、人としての本当の豊かさが何かを学んで欲しいのです。

ある講師が「自然から学べ」と聞き、子どもを自然に触れさせるべく森林学習を提案してきました。しかし、これは大きな勘違いです。自然というものが、身近にあることを理解していない証拠です。このような人に子どもを預けられないと感じたこともあります。

自然は身近にあり、生活そのものが、自然の恩恵なくしてはあり得ません。寝起きのひと呼吸でさえ、酸素を作り出す植物に感謝すべきです。私たちが当たり前と思っていることの多くが、実は自然からの恵みであることを知って感謝する心を意識している人を、講師として迎えたいのです。そして、この感謝をするという基本的な考え方が、この学校のもう一つの理念となる「周囲の人に信頼され、親しまれる人格の形成」に繋がるのです。どんなに優れた学力や体力があっても、周囲の人たちに信頼される心がなければ、与えられた能力を十分に発揮することも、豊かな心を持って人生を送ることも、難しいでしょう。心を育むことの大切さや信頼される為の人格形成の必要性を考えて、取り組んでいきたいと思います。

学力や体力は年齢と共に衰えていきますが、心は心掛け次第で円熟して、ますます輝いていく筈です。その為の基本は、言葉であれ、腕力であれ、他人を傷つけないことです。私たちは、多くの生命の恩恵を受けて生存しています。ですから、それらの犠牲を最小限に配慮することを考え、感謝することを忘れないことが大切です。

また、この学校が大切にしていることとして「自主性を育む」ことと、「権利と義務」というものがあります。自主性を育むことが何故大切かといえば、自らの人生を惰性や諦めで仕方なく生きるのではなく、目的を持って、自らの意志として積極的に生きることに意義があるからです。他人の指示を仰ぎ、社会の風潮や慣習を窺《うかが》い、迎合するだけの人生は、自主的な生き方とは明らかに異なります。人は、一人一人が言葉や情報、習慣、社会のなかで、自らの意志で正しいこと、正しくないことを識別する力と実践する勇気がなければ、自主的に生きることは難しく、社会も公平を欠くものになってしまいます。

ここにこそ、教育の大きな役割があると思います。自主的に考える習慣や行動、そしてそれらの基準となるべき人としての価値観を育むことが、教育であると考えます。この自主性に関連して権利と義務が発生しますが、ともすると若者たちは権利を自己主張と履き違え、役割としての義務を怠ることがあります。もちろん自分自身のことも社会や周囲の人たちのことも熟知していないのですから、反社会的な行動で他人を傷つけてしまうことも当然あると思います。

しかし、私たちはお互いの人格を尊重し合い、個々の役割を果たしながら、連帯して生活を営んでいることを理解して、公平な心や思いやる心を身に付けることを義務としながら、私欲に基づかない自己主張という権利を持っていることを、知って欲しいと思います。これらの根幹的な問題を真剣に考えうる専門知識を修得している人こそ、私が講師として求める人材だと考えています。

先生たちに求められる役割

子どもたちと対応する時、一番大切なことは、彼らの内面をしっかりと見て、行動することです。通常よくあることですが、体育会系と言われる先生が子どもたちに挨拶をする時、全ての子どもに対して、同じトーンで話し掛けます。本校では、それはやってはならないことです。何故ならば、一人一人の子どもの状況を見て言葉のトーンを変えるくらいの細やかな神経がなければ、先生は務まらないからです。その子の今の精神状態、家庭環境、昨日の出来事などを瞬時に判断をして、声を掛けることが大事なのです。逆に声を掛けないほうが良いと判断した場合は、声を掛けません。ただ、先生たちがそこまで達するには、時間が掛かります。そこまで到達していない先生たちには、ペアを組ませます。漫才のボケとツッコミと同じです。

一人の先生が間違ったことを言ってしまったならば、もう一人の先生が、優しくフォローします。また、一人の先生が叱ったならば、もう一人の先生が褒めるというように、その子がしてもらいたいことは、二人の先生のうち一人がそれを行えば良いのです。すると、子どもは、褒めてくれる、フォローしてくれる先生に好感を持つようになります。そして、信頼関係が生まれてきます。そうすれば、子どもは多少のことであれ、自分の内面について、話をしてくれるようになるのです。その話を、分析するのです。すると、その子の内面が見えてきます。ですから、自分一人でボケとツッコミが出来ない先生には、必ずペアを組ませるようにしています。

子どもを叱る時は、注意深く観察しなければなりません。一人一人、置かれている状況や性格は異なるからです。強く叱られなければ、わからない子どももいます。また、逆に強く叱ることで逆効果になる子どももいます。基本は、一人一人に合った叱り方をすることです。

さらにもう一つ、先生たちに要求していることは、子どもに嘘をついたり、建前を言ったりしないことです。本質の部分で思いやりの心や公平な心が欠けていると思うならば、自分をその場、その場でコントロールして、思いやる心や公平な心を持てるように仕向けていくことが、大切です。先生に限らず親も、日常生活のなかで、思いやる心や公平な心を身に付けていかなければならないと思います。子どもたちに建前や偏見で接した場合、簡単に見破られてしまいます。子どもたちは、世間の理屈やルールに染まっていないからです。純粋な目で、大人たちを見ています。ですから建前や嘘で接してしまうと、信頼関係が築けません。それが出来ない時は、ペアを組んで、子どもに接するのです。

本校の教員採用試験を受けに来る人には必ず、「子どもたちに物事を教えるつもりでは、接しないで下さい。逆に、子どもたちから物事を教えてもらってください」と言います。何故なら、子どもたちのほうが、「生きる」ということに関しては、大人よりずっと敏感だからです。

先生になることが出来た人たちは、学力的にも経済的にも恵まれている人が多いと思います。しかし、本校でたとえると、不登校の子どもが味わった奥の深い経験から培った生き物としての考え方を、先生たちが教えることは不可能なことだと思うのです。

学問であれば、教えることは当然出来るでしょう。しかし、本来人間が生まれてきた意味を学ばなければ、あるいは思い出さなければいけないのは、我々大人たちなのです。それを、大人は勘違いしているのです。

学校の先生になりたい大半の人は、物事を教えたいが為に先生になります。生まれてきた意味を教えるということに関しては、さほど年齢は、関係ありません。ですから教えるのではなく、子どもたちから学んでくださいと言うのです。

先生たちにはわかりやすく、このような話をします。

人間を物にたとえると、固体、液体、気体に分けられます。大体一般の人は固体です。何故なら自我がある、つまり形があるからです。しかし、私は形などなくても良いと思っています。我がないということは、自分の主体がないということです。個体は形があるので、つまり自分に主体があるということです。

液体は、例えば丸い物があるとすると、丸い物を取り囲むように、丸く変形します。つまり相手の形によって、自由に自らを変えることが出来るということです。そして、液体は自分の目で確認でき、見ることができます。主体・能動的というよりは、受動に近い状態です。我が少しある状態です。

気体は目に見えません。気体は見えませんが、酸素が良い例であり、全ての生き物が生きていく為には、必要不可欠なものです。ただ見えないということだけで、私たちはその存在を忘れてしまっているのです。当たり前にあるものだと思ってしまっているのです。

気体は当然、受動です。最終的には、気体のように無意識のまま自分を感じ、人の役に立てることが理想です。見えるということは、例えば良いことをすると、相手に感謝されます。しかし、もし見えなければ、当然相手に感謝はされません。そのような形で、人の役に立つ。それが理想なのです。

ただ、見えない人になってしまうと、誰からも相手にされていないのではないかという不安に陥ってしまいます。不安を取り除く為には、やはり見えなければなりません。ですから私は、「我をなくし、気体になると、見えない存在になる。したがって自分たちが目指すのは気体だが、液体で我慢をしなさい」と常に周りの人に言っています。気体に近い存在が、一番人の役に立つのではないかと思います。

つまり、子どもたちの本質に対してそれを感じ取れる自信と、柔軟に変化できるような多様性を持ちなさいということなのです。そして、変化後にどれだけうまく演出をすることが出来るかが、重要なポイントとなってきます。子どもに関わる人は、先生であれ親であれ、「自信」、「柔軟」、「演出」、この三点が持てなければ、関わらないほうが良いでしょう。そのくらい不可欠なことなのです。

教育改善に伴うモラルの必要性

教育改善の為には、今の学校形態を潰して、一から作り直したほうが早いのではないかと思うことがよくあります。教員免許を発行する大学側も、本当の教育を忘れているように思います。教育者としての資質が身につく前に、簡単に教員免許を与えすぎです。今の学校制度が続くならば、子どもたちの為に一生懸命がんばろうとする先生が潰れていくという懸念があると、多くの人が訴えています。右にならえで学問だけを教える先生が、模範とされているからでしょう。そうでなければ、教職の立場を守っていけないのかもしれません。「学校を変えよう」、「子どもたちの為にがんばろう」と汗を流す先生は、学校側にとっては、邪魔者なのかもしれません。

先生には、学力があり教員免許を持っている人ではなく、子どもたちの将来を真剣に考えて、向き合える人が、なるべきだと思います。また一度先生になったから、ずっと先生でいられるのではなく、子どもたちのことを真剣に考えることが出来ず、取り組めない姿勢が見受けられるのであれば、教師を辞めさせるくらいの厳しい仕組みや処罰があっても良いと思います。教育をする立場にある人は、子どもに多大な影響を与えるからです。

ですから、教員採用制度を見直して、教員免許を与える基準の改善、教員になる人の心構えなどについて厳しく検討し、新しい制度を作ったほうが良いと思うのです。たとえ国の方針がそのように変わったとしても、現場そのものが変革することは大変なことで、時間も必要でしょう。改革とは、困難を極めるものです。しかし変革をしない限り、悩める子どもはますます増えるでしょう。

今現在、子どもの少子化に拍車がかかっているにも拘らず、不登校の子どもは年々増えています。私が今していることは、大きく膨らんだ風船に開いた穴を、つぎはぎしているようなものです。国も学校側も先生も親も、教育についてもう一度真剣に考えて頂きたいと思います。そして、一刻も早く改善されることを望みます。

第五章　新世紀の実践プロジェクト

新しい動き

平成十三年十一月。衆議院に呼ばれ衆議院議員会館において講演した、『スクール カウンセラー問題』『私学助成金問題』『幼児教育助成問題』の三議題は、ここに来て私が提案した方向で動き始めました。（講演内容は本書二十二頁以下をご覧下さい。）

スクール カウンセラー問題に付いては講演当時、全国の公立小・中学校一万校に対し国が唯一認めていた「心療内科」という資格を有する医師は、医療の場に一万人居るという状況で、その医師の多くが病院に勤務し教育の場に関わる人は多くありませんでした。

少数の医師がカウンセラーとして数校を掛け持ちするという状態で、その比率も一万分の三百六十五校という寂しいもので全体の四割にも満たないものでした。当然、時間を掛けた治療やカウンセリングが必要なことを啓蒙する体制には成っていませんでした。

社会そのものの少子化が進む中で、不登校生は増加するという異常な教育界の現状を二十年間見続けて来た私は、この原因が情報の過多や社会の複雑化、家庭や地域社会の崩壊、大人たちの利己主義（鳥海喜久夫・著『シッカリせんかい大人達』参照）にあると考え、従来の学校のように知識、技術中心の指導では子どもたちが健やかに成長することに無理があると思い始めていたのです。しかし、その当時、カウンセラー養成校は数校の大学しか無く、ここにスクール　カウンセラー養成が急務であると強く主張する私の考えが有ったのです。

現在、全国の百数十校の大学が「臨床心理学部」を設立し、臨床心理士が養成され始めました。講演の後、文部科学省のお役人の方に「スクール　カウンセラーの養成は急務であり、教育現場の教師の人達には知識を教えるだけではなくカウンセリングの意識と技能を持たせるべきだ」と個別に話をしましたが、返答は消極的に聞こえました。この頃、旧厚生省は厚生労働省となり、厚生省が許可権限としていた「心療内科」の資格を産業界と教育業界にも分割許可をするという方針があり、産業界では旧労働省が主導してカウンセラーの養成が始まっていました。しかし、教育に関わる文部科学省では検討中という段階で、国会議員の方からも「文部科学省も早急に進めるべきだ」との意見が講演の後の討論の中で主張されました。が、その答弁は積極的では無かったと思います。私は文部科学省の方に「カウンセリングは命に関わること。その資格を許可することで責任の重さが、大人を対象とする厚生労働省と子どもを対象とする文部科学省の違いですか？」と、問うと、「ニコリ」と笑いました。確かに子どもを対象としたカウンセリングの中で事故が生じた場合、その資格を与えた役所の責任もあるでしょう。しかし、だからと言って何も対応しないというのも変なもので、「教育の現場はスクール　カウンセラーを必要としているのですよ。頑張って下さい」と早期養成を勧めたものです。

あれから一年半。文部科学省は本腰を入れ全国の大学に臨床心理士の養成を許可し、四～六年後多くの臨床心理士が社会に進出するでしょう。黎明期に有り勝ちな粗製乱造という危惧はありますが、その中の何人かが真のスクール　カウンセラーとして社会に貢献すると思うと、先ずは「前進の一歩」と考えて良いと思います。

しかし、この対応にもお役人の賢いところが垣間見られて、嬉ぶべきか悲しむべきか疑問が生じてしまいます。この「臨床心理士」の資格は国家資格では無く、民間団体の資格なのです。民間の団体が認定する資格。その資格を基にカウンセリングを行って事故が起きても、国には責任が及ばないのです。大学は生徒募集がし易いように、民間団体は知名度を高めるために、行政は責任を逃れるために。それぞれがそれぞれの思惑のために、利益のために活動をする。しかし、その先には将来を担う子どもたちがいる。大切な子どもたちを育むための責任を一体誰が負うと言うのでしょうか。

最近では文部科学省の不登校問題に対する対応の素早さに関心をしています。私は二十年間の不登校生との関わりの中で、常に行政や教育界よりも十年先を歩いているという意識がありました。〝ゆとりの教育〟〝学ぶ場は社会・学校・家庭〟〝週五日制〟〝生きる力〟〝個性の尊重〟どれをとっても私が十年前に掲げ、実践してきた事です。しかし、最近では塾や予備校を教育の一環と認め、フリースクールをNPO法人として認めたりと不登校問題に取り組む姿勢は私の想像を超え驀進を続けています。これは不登校生にとって朗報であり、この行政の考え方は民間の中に様々な思考を産み問題解決の糸口を見つけるものだと思います。しかし、これも実際に調べてみると、フリースクールやNPO法人の中には全日制高等学校よりも遥かに高い授業料を徴収している営利目的の団体・施設が多いことに驚きます。私は以前、「見えない将来の不安を煽り、善意を装って商売をする人間は嫌いだ」と書きましたが、不登校生を抱える親の不安に付け込み、有料の教育相談や従来の「塾」の形態で子どもたちを預かり、「これが自由に学べる場」であると主張し疑問を感じないとしたら、これこそ子どもたちにとってまた親にとって不幸なことは無いと思います。勿論、不登校問題を真剣に考え、対処しようとしている方達も沢山おられますが、その方達の善意に紛れ込んで利益を追及する人達がいることも事実であり、その様な団体に法人の認可を与えていることも事実なのです。教育を政争や利益の道具とせず、純粋な心を育む場に変えられるのは一体何時になるのでしょう。

バブル全盛の頃、私学助成金を受け運営資産を潤沢に蓄えていた私立学校が、国内外を問わずリゾート開発やゴルフ場開発、土地投機に投資をし、多くの負債を抱えました。その当時、何かの用事で学事課に出向いた時「先生の学校は大丈夫でしょうね」と開口一番に聞かれるほど多くの学校が同じ様なことをしていました。私学助成金は国民の「税」であり、子どもたちの学習環境を整備する資金と私は考えていますが、私学助成金を受けている学校の多くは環境が良くなる訳でもなく授業料が安くなる訳でもありません。ただ運営資産として利益追求に使われているに過ぎないのです。また、毎年何校かは不正入試で裏の寄付を徴収したり脱税問題を起こしたりしています。この様な学校に大切な税金を助成金として垂れ流し続けていても良いのでしょうか。最近では少子化に伴い学校経営が圧迫され益々助成金の増額を業界では求めていますが、淘汰されるものはそれだけの事情がある筈で、自然淘汰を妨げてはなりません、と私は問題の提起をしました。

この問題に対して最近、国や地方自治体の考え方が少し変化を始めたような気がします。その原因が国や地方自治体の財政困窮に因るものであっても、健全な教育・特色ある教育の「場」を創世していく為には良いことであると思います。将来的には私学助成金を全廃し、「低利の環境整備資金を提供し返済の義務を負わせる」ことで、私学は責任と活力を取り戻せると思うのです。助成金を当てにしなければならない学校を廃し、特色に溢れた各種の小規模な学校を造り、個々に沿った学習が受けられる様になることが子どもたちの個性と意欲を育むことが出来るのだと思います。

提案の三番目の幼児教育問題については、まだまだ理解はされていません。子どもは両親が責任を持ち育てること。幼児期に五感に多く触れて育てること、子育てを済ませた両親の職場を優先して与えること、子育て中の経済的支援をすること、を提案してきましたが、現状は幼稚園や保育園の増設、助成金の支給に流れが進んでいます。私の提案は恐らく関係団体及び関連企業の方達から非難されるでしょう。しかし、幼児期の子育てが如何に大切で、その時期を逃すことがどれだけ取り返しのつかないことかを知って貰いたいと今でも思います。不登校生と接触する中で、問題を抱える子どもたちの多くが幼児期に形成される心の影響を受け、不安や孤独・矛盾に悩んでいるのです。健やかで思いやりがある人格は幼児期に作られます。将来を共に歩む家族の一員を何故、他人に託してしまうのでしょうか?

これらの提案をしてまだ一年少し、表面的には私の求める方向に変化を見せ始めたものもあれば逆行していると感じるものもあります。しかし、子育てや教育が「人として」「生きもの」としてその「個」を育むという根本の理念が理解されているかというと疑問に思います。「社会が在って個があり、個が社会に適合する」のでは無く、「豊かで公平な個が在り、個が集合して社会が作られる」と、考えるべきであると思います。

解決へ向かって

「言うは易く行うは難し」

言葉を発し、文章を書き連ねることは易しい。信を持たず多数に迎合することも易しい。しかし、自らの心に惑いを抱き、病める人達の心を見て見ぬ振りをして生きていくことは私にとって苦痛でしかありません。自らの心に従いその行動が社会に反しても、私利私欲によるものでなければ非難され罰せられても受け入れることができるでしょう。

何故、こんな大業な書き方で心境を書くかと言えば、今私は新しい形の学校を造ろうとしているからです。場合に依っては多くの人達に非難されるかも知れない学校を。しかし、不登校で悩み苦しむ子どもたちを生き生きと生かし、その人生を楽しく豊かにするのにはこの方法しか無いと今は思うのです。

日本の社会は高等学校進学率が九十七パーセントを超えるといわれ、百人のうち九十七人が高等学校卒業の資格を目指します。そしてその大多数が資格を取得し社会に溶け込んでいきます。その為に大学や専門学校に進学する時、企業、公的な職業に就職をする場合には高等学校卒業資格あるいは大学入学資格という学歴が要求され、日本の社会で一般的な生活を送る為には最低限その資格が必要であると考えられています。しかし一部の少数の人達はそれぞれの理由で中途退学をしたり学校に通えないという状況に陥り、将来に対する不安や孤立感、劣等感を持ち自信や活力を失っていきます。その傾向が近年の少子化という社会現象に反して不登校、中途退学者が増加し続けるという大きな社会問題となり、国を始め地方自治体や教育の場において問題解決の為の取り組みが本格的に考えられるように成りました。

既成概念として学校を卒業する為には、登校し教室の中で定められた学問を修得することが前提となり、大多数の人達はこの環境や指導に適応し卒業することになります。しかし、この学校という環境や授業の内容が万人にとって均等に適応できるものかと言えば決してその様なものでは無く、高等学校入学試験や高等学校の特色を設けることで個性や能力を考慮し、できるだけ適応しやすい状況を作ろうと配慮しています。これが現状であると思いますが、基本は学校に通い教室で学ぶということに変わりはありません。確かに経済的理由や身体的理由に配慮し通信制高等学校という制度もありますが、スクーリングを義務付けたり授業の内容も定められたものを学ぶということで学校という本質的な考え方に異なるものではありません。つまり、日本において子どもたちが学ぶということは、教室という「枠」の中で「定められた課題を学ぶ」ことが「学ぶ」ということになり、大多数はそのシステムに適応していると言えます。しかし、システムそのものに適応できない子どもたちも居るのは事実で、その適応できない理由も経済的、家庭的問題の様な外因的なものも有れば身体的、性質、特性、能力等の内因的なものによるものもあります。それらの問題を抱える子どもたちを既存の「学校」という「枠」の中で「適応させるにはどうすれば良いか」と考えるのでは無く、「その子に合った学校を作れないか」と考えては如何かというのが私の考えなのです。

適応を求めるよりも個性、能力、適性、特性に配慮し、生き生きと活動することを促し学ぶことの必要性を感じさせる環境と自主性を育み、まず「個」（自我）の確立を目的とすべきであると思います。適応を求めて劣等感や自信喪失を意識させるよりも、関心のあるもの得意なものに取り組ませ、活動する中で学ばせることができれば学校の中の「教室」で学ぶことと同様あるいはそれ以上の「学習」が成されるものと思います。そしてそのことを評価の対象とし、単位認定することで将来の道を開くことが本人の為にも社会の為にも成るのだと思います。

以上のことを考慮に入れ、私は私なりの学校を考えてみました。前段で書きました様に現在の全日制高等学校、通信制高等学校、定時制高等学校、私立・公立学校。これら既存の学校そのものを否定するものでは有りません。大多数の人達にとってそれぞれの学校は必要なものであり、適応に値する学校であると思います。現に私も全日制の学校を運営しており、多くの生徒達が通学しております。しかし、その中でも入学後も不登校に悩む生徒を抱えているのが現状です。その生徒の人達を「どうしたら生き生きと活動させ、学ぶことの必要性を抱かせられるか」と、思い悩んで来ました。二十年という長い期間を掛けて不登校生の皆さんに教えられ、ここに辿り着いた様な気がします。

私の考える「学校」……学校には「教室」が付き物であるとするなら、教室は在ります。ただ、その形や広さ、雰囲気は学ぶ人の意識の中にあり、心地好さを伴うものです。個々の悩みが様々なものである様に、悩みを払拭する学校の姿は個々に適した形を持ちます。日本中の全ての場所もそこで営まれる生活環境も私が考える「教室」なのです。

何処に居ても何を学んでも、その時に思ったこと考えたことは自らが存在する証しです。活動し或いは立ち止まり考え悩むことは、自主的に人生を送る為に「学ぶ」ことです。

また、学ぶ対象は心の中に謙虚さを持つことで人に限らず動物、植物、自然……、存在する全てのものから学ぶことができる筈であると思います。確かに存在はするが物質的な形を持たない「教室」を持つ学校が私の考える「学校」です。

「在宅学習」……学校に通学しなくとも学習ができます。この様に書くと「通信制」と同じではないかと思われるので、敢えて通信制と呼称しないことにしました。違いは「定められたものを学ぶ」というのでは無く、「自主的に学んだこと」を評価するという考え方に基づくことになるからです。「学ばなければならない」と言われることに、その価値を見出だせず学習意欲を持たずに学ぶことや、適性と異なる科目から劣等感を持つ必要はありません。得意なものや関心のあるもの、行動の中で必要と思われる知識、技術を学ぶことが「楽しく意欲を持って学ぶ」ことの始まりであると思います。

「指導協力依頼」……不安や不満、矛盾、劣等感、孤立孤独感に陥り、心を閉ざした方達に語り掛けるのには、まず最初に信頼関係を築くことが必要になります。しかし、時にはこの信頼関係を築く為に数年の日時や労力が必要となることがあります。この間、信頼関係が確立されなければ支えや問題解決の糸口を伝えることもできません。心を閉ざした方達は孤立したままになります。そこで信頼関係をお持ちの方に学校と本人の仲介役をお引き受け頂き、意思の疎通を図り問題の早期解決に向けご協力を依頼する制度が「指導協力依頼」制度となります。

勿論、信頼関係を持たない方達には従来通り無理をせずゆっくりと地道な努力を続けて行かなければならないと考えております。

「評価の方法」……一般教科（国語・社会・数学・理科・保健体育・家庭・英語）に付いては、関心のあるもの、理解のできるところから始められます。

（＊不登校になる学年も理解力も個々によって異なります。通常の通信制や連携の様に高等学校の授業を無理に進めては、学ぶことの楽しさを失わせてしまいます。理解できるもの、関心のある教科から始めることができます。）

これらの教科の評価方法

① 学習計画書

② 学習が為されたノートの提出

③ 指導協力者の評価報告書（指導協力者が居られない場合は必要ありません）

専門・必修・選択科目については、「創作活動」として考え、その範囲を緩やかなものとします。（＊園芸・ダンス・運動・美術・労働・ボランティア・サークル活動・塾……日常のあらゆる活動を「創作の一環」として評価の対象とします。学校に行けないことや人と比較して劣等感を抱き活動を停止し悩むことよりも、できる事、関心のある事に取り組む意欲を持たせることが大切であり、そのことを評価することで自信と自主性を育むことができると思います。）

これらの教科の評価方法

① 生活レポート（＊毎日の生活の中で〝思ったこと〟〝考えたこと〟をノートに書いて提出）

② 指導協力者の評価報告書（指導協力者が居られない場合は必要ありません）

③ 作品など成果の示せるもの（＊示せないものに付いては必要としません）

評価のために提出された資料は、判定後すべて返還されます。

「入学資格」……さまざまな理由から、登校ができない人や中途退学をしてしまった人。年齢に関係なくどこに居ても学べる学校。

以上の様な「学校」を、平成十五年四月から開校します。これは全国の不登校生の方達に提案する一つの学校の在り方です。そしてこの形態を強力に物心両面でサポートして行くのが「学校法人　鳥海学園　総合センター〝TORIPRO〟」です。

学校法人 鳥海学園 総合センター〝TORIPRO〟の役割

(一)　精神面のサポート

不安や悩み、孤独感を抱える方達の良き相談相手として、面談、手紙、インターネットを通して問題の解決に向け共に歩みます。心のサポートは勿論のこと、環境の改善・経済的な問題・健康のこと等、広範な範囲に於いてサポートすることを第一の役割とします。

(二)「在宅学習講座」のサポート

在宅学習講座を受ける上で、「持続できるだろうか?」「難しくないだろうか?」と、様々な不安があると思いますが、無理なく楽しみながら学習できるように暖かくサポート致します。

(三)「学校法人 鳥海学園」との連絡サポート

学校法人との連絡、質問、課題の送付、課題の回収、年間予定や行事などの全ての学校に関わる問題や質問にお答え致します。

(四)「指導協力依頼制度」のサポート

悩みを抱える方達の心を開き信頼を確立した時、始めて意思の疎通が図られ問題の核心に触れることができます。しかし、この信頼関係を確立するためには多くの時間と労力が必要になります。そこで、知人や友人、家族の方で信頼できる方が居られればその方に「協力依頼」をお願いし、三者協力の基に意思の疎通を円滑に図り、問題の解決を見出して行こうという「制度」です。培ってきた経験や知識を駆使し、皆様をサポート致します。もちろん、信頼する対象が「人」とは限りません。動物や植物、自然など、個々によって異なるとは思いますが、心を開き癒される対象があるとするならば私達はその対象を通してコミュニケーションを図っていきたいと思います。また、信頼する対象が見当たらない場合でも、私達は従来通り時間を掛け、信頼関係を確立して行きたいと思います。

という、万全の体制を考えております。

問題の提起をし机上の空論を語るよりも、信じるものを実践しその賛否を問い、より良きものの形態が自然と形づけられることを望みたいと思います。この方法で全ての方達の問題を解決することは出来ないかも知れませんが、微力ながら不登校問題解決の一翼を担えればと思います。

従来の学校の考え方は、「教室」という場所で「定められた学習」をすることで卒業が認められました。しかしさまざまな理由からその形態に適応できない子どもたちも居ます。これが「不登校」であり、「引きこもり」

に繋がっていると私は思います。

　多くの人達は「どうしたら学校に通わせられるか」と考えますが、私は「どういう学校を作ったら、この子は通えるのか」と考えます。ですから既存の学校に適応できない子どもたちにさまざまな形の「学びの場」を提供・提案したいと思うのです。一つの形態が万人に添えることは無いと思います。私が運営する全日制の学校も必要でしょうし、在宅学習という方法も必要でしょう。しかしそれで全ての人達に適応できるとも考えられません。さまざまな「学習の場」を不登校問題の解決に向け努力をされている各種団体の方やNPO法人、フリースクールの方達と連携し合い、子どもたちがそれぞれに合った場所で自主的に学び始めることができれば良いと思います。

著者プロフィール
渡辺　勲（わたなべ いさお）
長野県生まれ。
連絡先　E-Mail:watanet17@hotmail.com

学校法人 鳥海学園
総合センター“TORIPRO”
〒336-0917　埼玉県さいたま市芝原1-26-1
TEL:090-8687-3719　FAX:048-885-7088
E-Mail:contact@toripro.info
http://www.toripro.info/

教育・新世紀 ― 既存の教育論を超えて ―

2003年5月15日　初版第1刷発行

著　者　渡辺　勲
発行者　瓜谷 綱延
発行所　株式会社文芸社
〒160-0022　東京都新宿区新宿1－10－1
電話　03-5369-3060（編集）
03-5369-2299（販売）
振替　00190-8-728265

印刷所　株式会社ユニックス

ISBN4-8355-5521-X C0095